社会契约论

[法] 让-雅克·卢梭————著

童孝华————译

目 录

卷一 ……………………………………………… 001

卷二 ……………………………………………… 038

卷三 ……………………………………………… 090

卷四 ……………………………………………… 172

卷一

我将探究的,乃在社会秩序之中,本于人性之真与法治之理想,能否存一合法而确切之政权规则。在此探索中,我将图融权利之许可与利益之诉求,冀正义与功利不再背驰。

探此议题之要,未加证明,我遽尔论之。或曰:子非君主亦非立法者,何以论政?我应之道:正以我非君主亦非立法者,是以有论政之资格。使我为君主或立法者,无暇空谈当为,唯务在立时践履,不然,唯缄默而已。

为自由邦国之公民,为主权者之一员,我声虽微不足道于公共事务,然对公共事务之投票权,则赋我以研究之义务。每于沉思各种政体之时,辄欣于探究中,获新理由以热爱我政府。

一、主旨

人生而自由,乃处处被缚。自诩万物之灵长者,反为奴隶。此种嬗变,何以生?我不得其解。何以为之合法?我自信能解之。

若我徒察强权及其效用,当谓"民族被逼而服从,其顺从为是。及其能自解羁绊,则反抗更为义举。盖民取己自由,本他人最初剥夺其自由之同一权利,理所当获;不然,他人初夺其自由,便为无理"。社会秩序,乃权利之圣基石,然此权非源自然,乃基约定。问题在于解此约定为何物。然探此以前,我当先明我的立论。

二、初民社会

诸社会形态中,最古且唯一天然者,莫如家庭。然子女仅于需父之养育时,方附于父。及此需求消,其天然羁绊随解。子女脱父之驭,父卸其子之养,两复独立自主。若其续维系,非复由乎自然,乃出于意愿;是时,家之存续,全赖约定。

此人皆有之自由,乃人性之流衍。人性之首要律,在保其生;人性之首要虑,在谋其利。人及理性之龄,能自断所以存身立命者,即自其时起,便为己之主宰。

由是观之,家庭可视为政治社会之胚胎:长犹父,民犹子;且人人生而自由平等,唯为一己之利,方肯让其自由。二者之别,则在家庭中,父之爱足酬其养;国中,君上无此爱于民,故以号令之乐代之。

以奴隶制为例,胡果·格劳秀斯否认一切权力的建立都应有利于被统治者。他惯用的论证方式,总是以事实确立权利。① 对此,人们尚可采取另一种更加自洽的方法,但未必对暴君更为有利。

按格劳秀斯之言,人类究竟是属于某百人,抑或那百人属于全人类,仍是未决之谜。而纵观其著作,他似乎偏向前一观点,这也正是托马斯·霍布斯的看法。如此一来,人类便

---

① "对公法之学术研究往往无非是古人们滥用权力之历史罢了。过分费力从事此等研究,徒然会使人头脑发昏。"(《论法国与邻国的利益关系》)格劳秀斯所为,正是如此。

被分割成一群群牛羊，各有首领，而首领保护之，不过是为了吞食之。

正如牧羊人品质高于羊群，作为人民首领的"人类牧人"，其品质亦高于人民。据斐洛·尤迪厄斯记载，卡利古拉皇帝便是如此推理，并从这种类比中得出结论："君王皆为神明，人民皆为畜牲"。

这位卡利古拉的推论复活于托马斯·霍布斯与格劳秀斯二人之中。而在他们之前，亚里士多德早已言明，人并非天生平等，有些人生而为奴，另一些人生而为君。

亚里士多德虽然正确，但他却本末倒置了。凡是生于奴隶制度之下的人，皆为天生的奴隶，这是不争的事实。奴隶在枷锁下丧失一切，甚至丧失了挣脱枷锁的意愿；他们热爱自己的奴役状态，正如尤利西斯的同伴热爱自己的畜生状态一般。① 因此，若真有所谓天生的奴隶，那只因为先有了违背自然的奴役。强权造就了最初的奴隶，而他们的怯懦使他们永世为奴。

我并未提及亚当王或诺亚皇帝，即那三位君主之父，尽管有人认为他们的行为犹如萨图尔努斯之子女。我希望人们感谢我的谦逊，因为作为这些君主的一个直系后裔，或许还是长房之后，若追溯族谱，说不定我会被发现是全人类的合法国王！无论如何，人们必然同意，亚当曾是全世界的主权者，正如鲁滨孙·克鲁索作为荒岛上的唯一居民，便是岛上的主权者一样。这种帝国还有一个好处，即国君可以高枕无忧，无须担心叛乱、战争或篡位。

---

① 普鲁塔克短篇论著《假如动物运用理性》。

三、最强者之权利

即便是最强者,若不将实力转化为权利,将服从转化为义务,也决不能永远为主。由此产生了最强者的权利。这种权利表面上似乎是一种讽刺,但实际上已被确立为一项原则。然而,人们能否为我们解释这一概念?强力是一种物理力量,我看不出它如何产生道德效力。屈服于强力,不过是必要之举,而非意志之为;充其量不过是一种明智之举。在何种意义上,它才可能成为一种义务?

假设这种所谓的权利确实存在。我认为其结果不过是一种自相矛盾的谬论。因为若权利源于强力,结果就会随着原因而变化。任何凌驾于前一种强力之上的强力,也将取代其权利。只要人们能够不受惩罚地拒绝服从,他们就可以合法地不再臣服。而既然最强者总是占据优势,问题就在于如何使自己成为最强者。然而,这种随着强力的消失而消亡的权利,又算什么权利呢?如果必须用强力迫使人们服从,那么人们就无须出于义务而顺从。因此,一旦人们不再是被迫服从,他们也就不再负有服从的义务。可见,"权利"一词并未为强力增添任何新内容,在这里毫无意义。

有人说:你应当服从权力。如果这意味着应该屈服于强力,那么这条戒律虽然很好,但却是多余的。我可以保证,它永远不会被违背。我承认:一切权力都源于上帝。但一切疾病也来自上帝,难道这就意味着我们不应该求助于医生吗?假如强盗在森林深处抓住了我,不仅因为强力我必须交出钱包,而且如果我能藏起钱包,我在良心上是否也必须交出?因为强盗手中的枪支同样是一种权力。

因此,让我们承认:强力并不构成权利,人们只对合法的权力负有服从的义务。这样,我们就回到了最初的问题上。

四、奴隶制

既然任何人对同类都没有天然权威,强力也不能产生权利,那么只有约定才能成为人间一切合法权威的基础。

格劳秀斯说,如果个人可以转让自由,使自己成为某个主人的奴隶,为什么全体人民就不能转让自由,使自己成为某个国王的臣民呢?这里有些含糊不清的字眼需要解释。就拿"转让"一词来说,它意味着奉送或出卖。但一个使自己成为另一个人奴隶的人并非奉送自己，而是出卖自己，至少是为了自己的生活。可是全体人民为什么要出卖自己呢？国王远不能供养他的臣民，反而只能从臣民那里获得自身的生活供养。用拉伯雷的话说，国王一无所有也是活不成的。难道臣民在奉送自己人身的同时，还以国王攫取他们的财产为条件吗？这样一来，他们还剩下什么可保存的呢？

有人辩称，专制君主可以为臣民带来国内和平。即便如此，倘若君主的野心引发战争，倘若君主贪欲无度，倘若官员横征暴敛，这一切对人民的危害远甚于人民内部的纷争，那么人民从中得到了什么？如果所谓的和平本身就是人民的灾难，人民又能从中获得什么？监狱中的生活也很平静，难道这就足以证明监狱生活的美好吗？被囚禁在独眼巨人波吕斐摩斯洞穴中的希腊人，生活也很太平，但他们只是在等待成为巨人盘中餐的命运。

声称一个人会无偿地奉献自己,这种说法荒谬而难以置信。这样的行为不合法而且无效,因为做出这种行为的人已经丧失了理性。若说全体人民都如此行事,那无异于假设整个国家陷入疯狂。而疯狂也不能构成权利。

即使每个人可以放弃自身的自由,他也无权处置子女的自由。孩子生而为人,生而自由。他们的自由属于自己,除了他们自己,无人有权支配。在孩子达到理性年龄之前,他们的父亲可以为了他们的生存和幸福,以孩子的名义订立某些条件,但不可能一直无条件地将他们奉送给他人,因为这违背了自然的目的,超出了为人父母的权利。因此,要使一个专制政府合法化,就必须让每一代人民都有权决定是否承认它。但如此一来,这个政府也就不再是专制的了。

放弃自由，就是放弃作为人的尊严，放弃人类的权利，甚至放弃自己的义务。对于一个放弃了一切的人，任何补偿都是不可能的。这种弃权有悖人性。而且，取消意志的全部自由，也就是取消行为的全部道德性。最后，规定一方拥有绝对权威，另一方必须无条件服从，这本身就是一项无效而自相矛盾的约定。对于一个我们有权要求其一切的人，我们不承担任何义务，这难道不是显而易见的吗？这种不平等、没有交换的单方面条件，其本身不就意味着这种行为的无效性吗？因为无论我的奴隶可能拥有什么权利来反对我，既然他的一切都属于我，他的权利也就是我的权利。那么，这种我自己反对自己的权利，岂不是毫无意义的空话吗？

格劳秀斯等人从战争中推导出所谓奴役权的另一个起源。他们认为，征服者有权杀死被征服者，但被征服者可以用自己的自由来换取生命。据说，这种约定似乎更加合法，因为它对双方都有利。

然而，很明显，这种所谓杀死被征服者的权利，绝不会是战争状态的必然结果。正是因为人类在原始独立状态下彼此之间没有任何持久的关系足以构成和平或战争状态，所以他们本质上不会是敌人。构成战争的是物的关系，而不是人的关系。既然战争状态不能源于单纯的人与人的关系，而只能源于实物关系，那么私人战争或个人之间的战争，既不能存在于尚未出现固定财产权的自然状态，也不能存在于一切都受法律管辖的社会状态。

个人之间的斗殴、决斗或冲突，根本不构

成一种状态。至于被法国国王路易九世敕令认可，但被"上帝的和平"禁止的私人战争，那只是封建政府的滥用职权。如果它曾经是一种制度，那也是一种违背自然权利原则和所有良好政体的荒谬制度。

因此，战争绝不是人与人的关系，而是国家与国家的关系。在战争中，个人之间不是以人的身份，甚至不是以公民的身份，[1]而只是以

---

[1] 罗马人对战争权利的理解和尊重，远胜于世间任何民族。在这方面，他们慎之又慎，如履薄冰，以至于一个公民若未曾正式表示反抗敌人，并明确指出要反抗的特定敌人，就不被允许作为志愿军而从军服役。小卡图起初曾在波比里乌斯的军团中英勇杀敌，后来该军团改编，老卡图便提笔写信给波比里乌斯，言辞恳切地表示，如果他仍然希望自己的儿子继续在他麾下效力的话，就务必让他重新立下庄严的战争誓言。因为旧誓犹如

士兵的身份偶然成为敌人。他们不是作为国家的成员，而只是作为国家的捍卫者。最后，只要我们无法在本质不同的事物之间建立任何真正的关系，一个国家就只能以另一个国家为敌，而不能以个人为敌。

这一原则符合历史长河中所确立的一切准则，以及文明古国世代传承的治国方略。宣战不仅是向国家发出通牒，更是向其子民发出警

（接上页）枯萎的落叶，已经失去了昔日的神圣，所以他不能再手持利剑，向敌人挥戈。这位慈爱的父亲又写信叮嘱儿子，切记不要在重新宣誓之前贸然投入战斗。我深知会有人拿克鲁修姆之围或其他零星事例来反驳我的观点。但我所引证的，是镌刻在罗马人骨血中的法律，是融入他们灵魂深处的惯例。罗马人是最不违背自己法律的民族。而这样恢宏壮阔、巍然屹立的法律，也唯有他们才能缔造。

示。倘若外邦人,无论是君王、个人抑或整个民族,未经宣战即对臣民实施掠夺、屠戮、抢劫之举,此等行径非敌亦盗也。即便在烽火连天的战争中,明君亦当尊重敌国人民的生命财产,正如尊重自身权利的立国之本。兵戈相见,原为摧毁敌国之目的,故而有权诛杀持械抗敌者。然一旦其放下兵器投降,便不再是敌人或其帮凶,而是恢复了平民身份,他人不得再擅夺其性命。有时,毋须杀一兵一卒,亦可令敌国土崩瓦解。战争不应催生任何非战争目的所必需的权利。这些原则并非源自格劳秀斯,亦非诗人之权威,而是源于事物之本性,以理性为基石。

至于征服权,除了<u>丛林法则</u>之外,别无他据。倘若战争并未赋予征服者屠戮被征服民众之权利,则此等本不存在之权利,更不能作为奴役他们的正当理由。唯有不能奴役敌人之时，方有杀敌之权。因此，奴役之权绝非源自杀敌之权。以自由换取他人无权剥夺的生命，乃是不公平的交易。若根据奴役权来确立生杀权，又从生杀权中推导奴役权，无疑是陷入了一个恶性循环。

即便假设存在这种可以杀戮一切的恐怖权利，我仍认为，一个因战争而沦为奴隶或被征服的民族，除了被迫屈服之外，对其主人并无任何义务。征服者既然已攫取了他们生命的等价之物，便再无任何恩德可言。征服者不过是以图利的杀戮取代了无利可图的屠杀。因此，征服者除了体力之外，并无任何权威可以为其赋予荣冠。对于他们而言，战争的阴魂不散，乌烟瘴气仍在其间萦绕。他们的交集，源自钢铁与火药的碰撞，权利的施展，假设的是和平方舟并未横渡历史的洪流。他们的协约曾短暂存在,但即便有此契约,战争的冰冷面孔并没有从他们的视野中消失,反倒是假定了战争的顽强生命力。

因此,当我们以任何视角审视这个世界,都会发现奴役权不过是一个虚幻的泡影。它不仅违背了法律的公正,更是背离了人性的尊严。"奴隶制"与"权利"这两个词语,水火不容,相互排斥。无论是在个人与个人的交往中,还是在个人与群体的关系里,如果有人如此说:"我与你立下契约,所有的负担都由你承担,所有的利益都归我所有。我高兴时,契约便生效。我不高兴时,契约就失效。"这样的言语,不啻一个荒诞的笑话,毫无意义可言。

五、必须倒推至一个初始的契约

即使我接受之前所有我反驳的立场，专制的拥护者们也僵在了原地，无法迈出一步。压迫一群人与治理一个社会，二者之间的深沟巨壑永难填补。即使一个人成功地奴役了所有的人，不论人数多少，我只看到一位君主和他的臣民，我并没看到一个民族和他们的领袖。那仅仅是一个集合，如果大家乐意这样称呼的话，而非真正的合一。这里没有大众的幸福，没有政治的共同体。这个人，纵然他奴役了世界的一半，他也只是一个独立的个体。他的利益如果脱离了大众，那便仅仅是私人的利益。如果这个人灭亡，他的王国也将在战栗中毁灭，犹如一棵大树被火烧光，最后只剩下一堆灰烬。

格劳秀斯观察到：一个民族可以委身于君

主。然而，依照格劳秀斯的观点，在人们委身于君主之前，他们已经是一个民族了。这个委身的行为本身就是政治的表达，它假定了存在一种大众的意志。因此，在研究人们选择君主之前，我们首先需要研究人们是如何形成一个民族的。因为后者必然先于前者，所以，它是社会的真正基石。

诚然，若无先前约定，除非选举达成全体一致，少数服从多数之义务何以成立？即便百人同意某主，亦无权为不同意之十人代为投票。多数表决规则本身即是一种约定，其前提至少曾有一次全体一致之共识。

六、社会公约

假如人类曾达到这样一种境地：自然状

态对生存的阻碍已超出个体自保的能力。原始状态难以为继,人类若不改变生存方式,就会灭亡。

人无法创造新的力量,只能集中现有力量加以利用。为了生存,只有汇聚群力,形成总势,以一致的动力运作,才能克服阻力,协力共存。

这种总势只能通过众人联合而产生。但个人的力量和自由是其生存之本,又如何在加入总势的同时不损害自身,兼顾个人利益呢?这一困境可以表述为:

"寻求一种结合形式,以全体之力保障每个结合者的生命财产,使个人在联合之中,服从自己的意志,依然像从前一样自由。"这就是社会契约的根本所在。

契约条款由其本质所决定,稍有更改就会

归于虚无。纵使从未正式宣布，但天下皆同，为众人默认。一旦公约破裂，个人权利立即恢复，约定的自由虽然丧失，但天然自由重获。

简而言之，这个契约可以归结为一句话：每个结合者将自己和全部权利完全转让给集体。

由于每个公民都无私地奉献自己，所有人的权利和义务都是平等的。在绝对平等的条件下，没有人会想成为他人的负担。纵观历史，我们发现公民权利的转让是毫无保留的，因此这个政治联合体将尽可能趋于完美，每个公民也不会再对国家提出额外要求。如果个人保留某些特权，一旦个人与国家之间产生争议，却没有共同仲裁者裁决，而个人在某些事情上又是自己的裁判，那他必然会任性妄为。如此一来，自然状态就会死灰复燃，联合沦为空谈或暴政的代名词。

如果我们撇开社会契约中所有非本质的细节，就可将其内核浓缩为一句话：

"每个个体都将自身和全部力量置于共同体至高无上的总意志之下，并在这个共同体中，我们接纳每一个成员成为整体不可分割的一部分。"

契约缔结的一瞬间，一个崭新的道德共同体和政治共同体诞生了，它取代了所有个体订约者的地位。这个共同体的成员数量等于公民大会上所有投票总和。共同体通过这个集体行为获得了内在统一、崇高公共意志、独立政治生命和至高无上主权。这个政治实体，古人称之为城邦①，今人称为共和国或政治共同体。它

---

① 该术语的真正内涵，已在当代人心中渐行渐远：

处于被动状态时，公民称之为国家；它处于主动状态时，公民称之为主权者；与其他政治实体相比较时，它则被称为一种政权。至于契约缔结者，他们作为整体被称为人民。每个个体

（接上页）多数将城市视为城邦，将市民视为公民。他们未曾意识到，城市的基石乃是家庭，而城邦的构筑则凝聚在公民身上。正是这种误解曾让迦太基人付出沉重代价。我从未见过"公民"这称谓可赋予君王统治之下的臣民，即便是古马其顿人或今英国人也不可得，尽管他们比其他民族更接近自由。唯有法国人滥用公民之名，缘其对此名缺乏真知灼见，此已可从其词典见端倪，否则即为谋逆罪行。于法国人，此词仅表德行而非权利。让·博丹欲辨析公民与市民，不幸却搬错了文辞，致成重大过失。让·勒朗·达朗贝尔未陷此谬误，其有关"日内瓦"的词条巧妙区分城中四等（若算异邦人，便是五等）与构成共和国之两等。据我所知，无他法国作家理解"公民"之真谛。

作为主权权力的参与者被称为公民，作为法律的服从者则被称为臣民。当然，这些概念在现实中常相互混用，只要使用时能明确区分其内涵即可。

七、主权者

从前述公式中，我们可以看出，联结的行为包含着一种公众与个人之间的相互约束。每个个人在进行所谓的自我约束时，都受到两重关系的制约：一方面，对于个人而言，他是主权者统治下的一个成员；另一方面，对于主权者而言，他则是国家的一个组成部分。然而，在这里不能应用民法的准则，即任何人无须遵守他对自己所订的规约。这是因为，自我对自我的约定与自我对社群的约定构成了整体约定的一部分,两者之间有着明显的区别。

还需指出的是:由于每个人都必须考虑两重不同的关系,公众的决定可以要求全体臣民服从主权者,但却不能以相反的理由要求主权者约束自己。因此,如果主权者试图以一种他自己也无法违背的法律来约束自己,那将违背政治共同体的本质。由于只能考虑唯一的同一种关系,因此从每个人的角度来看,他也在与自身订立约定。由此可见,并没有也不可能有任何一种根本法律可以约束整个人民共同体,即使是社会契约本身也不例外。这并不是说,这个共同体在不损害契约条件的情况下不能与外界进行约定。因为在对外方面,它仍然是一个整体,一个个体。

但是政治共同体或主权者的存在仅仅源于契约的神圣性,因此不能使其承担任何可能损害其原始契约的义务,即使是对外人也是如此。例如,将其一部分转让或使其隶属于另一主权者。破坏了维系其存在的契约,实质上就是毁灭了自身,而不存在的东西无法产生任何事物。

一旦人群结成共同体后,侵犯其中任何一个成员就等同于攻击整个共同体。而侵犯共同体就更会引起其成员的同仇敌忾。因此,义务和利益关系迫使缔约双方彼此互助,同时,这些人也应该努力将与这种双重关系相关的一切利益都统一起来。

再者,主权者既然只能由构成它的各个个人组成,因此主权者就不可能有,也绝不会有与他们的利益相悖的任何利益。因此,主权权力无需向臣民提供任何保证,因为共同体不可能会去损害其所有成员的利益。而且我们之后也将会看到,共同体也绝不会损害任何个别的个人。主权者的地位是理所当然的,由于他是主权者。

然而,臣民与主权者之间的关系并非如此简单。尽管他们有共同的利益,但如果主权者无法确保臣民的忠诚,那么就没有什么能够保证臣民会遵守约定。

事实上,每个个人作为一个独立的个体,可以拥有自己的意志,而这个意志可能与他作为公民所持有的公共意志相悖或不同。他个人的利益可能与公共利益完全不一致,他可以无视公共利益而追求个人私利。他的绝对、天然的独立意志可能会让他将对公共事务的义务视为一种无偿的奉献,而认为履行这些义务所带来的负担远大于不履行义务所可能带来的损失。此外,他对构成国家的那种道德人格可能仅仅将其视为一个理性的存在,而非个体。因此,他可能只享受公民的权利,而不履行臣民的义务。这种不正义的情况如果长期持续下去,将会导致政治共同体的崩溃。

因此,为了确保社会契约不至于成为一纸空文,它默许地包含着这样一条规定,这条规定使其他规定具有力量,即任何拒绝服从公共意志的人都将受到全体的强制。这恰恰意味着人们被迫享有自由。因为这是使每个公民都拥有祖国并保证他免于任何个人统治的条件,这也是使政治机器运转灵活的条件,而且只有这样才能使社会契约具有合法性。如果没有这个条件,社会契约将会是荒谬的、暴虐的,并且将受到最严重的滥用。

八、社会状态

自然状态到社会状态的转变,人类亲眼见证了一场震撼人心的物换星移,他们的行为准则由本能闪变为正义,行动中的道德性亦有所闪现。只有当义务的号角代替了生理的冲动,正义成功驾驭了私欲,那些此前只顾私欲的人们始发现,他们必须依据新的法则行事,在满足任何欲望之前,必须先让理智鉴定。虽然在这种状态下,他损失了许多自然所赐之利,但他却从中收获如此之多,他的才情得到了磨砺与发展,他的思想无边,他的情感崇高,他的灵魂乃至提升到了此等境地(若不是那对新环境的滥用使他时时落得比原点更糟),他会对那一刻感恩戴德,那个从此他摆脱了自然的束缚,从愚昧狭隘的生物突变为有知识的生物,成为人的一刻。

现在让我们把这个收入支出表简化为可供比较的项目：人类因社会契约失去的，是他的天然的自由和对于他所企盼的和所能得到的一切无边的权利；他获取的，则是社会的自由，是对他所享有的一切的所有权。我们必须认识到，为避免在权衡得失时出错，我们必须恰当地区分我们的自由。自然的自由，只受到我们自己力量的约束；社会的自由，受到公意的指引。同时我们要区分所有权，一种是仅由力量或占有权形成的享有权，另一种是只能基于正当权力的所有权。

此外，我们还应将道德自由列入社会状态的收益。只有道德自由才能让人真正成为自己的主人。因为，只被欲望驱使等同于被奴役，只有服从自我规定的法律，才能实现真正的自由。

然而，本篇对此已纵论过多。"自由"之哲学含义，此时此刻，似不在本书议题之中。

九、物权

在群体结成的瞬间，每个成员自动献出了属于其此刻的存在（即他自身及其所有力量，其中也包括他享有的财富）给予此群体。然而，这并非说他的权力在转移时会转变性质成为主权者的所有权。然而，城邦的力量远远超过个人的力量。因此公共所有权虽然在法理上不具更大的正当性（至少对外邦人而言是如此），但实际上却更为强大、更为稳固。对于国家的成员来说，国家拥有他们全部财富的主权。这是因为国家是由社会契约构建而成的，这些契约构成了国家的基础权利。而对于其他国家而言，国家只是因为是最初占有者才拥有财富的主权。

最初占有者的权利虽然比最强者的权利更加真实，但只有在财产权确立之后，它才能成为一种真正的权利。每个人都有天然权利获取自己所需的一切。然而，成为某项财富的所有者需要积极行动，这就排除了他对其他财富的所有权。一旦他的份额确定，他就应该将其作为界限，并且不再对群体拥有任何更多的权利。这就是最初占有者的权利，原本在自然状态下是如此脆弱，却在社会中备受尊重的原因。人们敬畏这种权利，往往更多的是对非自己所有的东西而非别人的东西来说的。

总的来说，要认可对一块土地最早占有者的权利，必须满足以下条件：首先，这块土地之前没人居住。其次，人们只能占有自己生存所必需的数量。第三，人们占有这块土地不能只是一种虚无的仪式，而应是通过劳动与耕耘，这是在缺乏合法依据时，所有权能得到他人尊重的唯一标志。

实际上，是不是赋予需求和劳动以最早占有者的权利，就已经将这种权利推向了最大可能的极限了？对这一权利能否无限制呢？难道只需踏足一块公共土地，就足以立即自封为这块土地的主人了吗？难道只因暂时把别人赶离这块土地，就能永远剥夺别人重新回来的权利吗？个人或民族，如非以应受惩罚之篡夺之手夺取大自然赋予人群共享的栖息之地、生活之物，又何以能掠夺全人类之广博之土地？当巴斯克·努涅斯·德·巴尔沃亚站立海滨，以卡斯提尔王冕之名宣告占有南太平洋与南美洲全境，难道此足以令全体居民失土，全世界君主皆受排斥？然则，此种立足点之仪式，一再效颦于世，成果微薄。反倒那位教皇的国王，暖阁之中，轻举妄图拥有全世界，只需割走他君已占有之地，划入其帝国版图。

我们可以想象，个人相邻的土地，当它们逐渐统一时，如何转变为公共领地；同时，我们也可以想象主权权利又是如何从臣民扩展到他们所拥有的土地，从而变得既实质又个人化。这种转变加重了土地占有者依附地位，因为他们曾经所掌握的力量被用来保证他们的忠诚。此种好处，古代君主似不甚感悟，他们只自称为波斯之王、斯基泰之王或马其顿之王，就好像他们只是人民的首领，而非国土的主人。今日君主颇为聪明，自称为法兰西王、西班牙王、英格兰王等。如此，他们领有土地，同时又领有土地上的居民。

此种转让之独特点在于，群体接受个人财富，并非是剥夺，乃是保证他们对财富的合法享有，让占有成为真实的权利，让享用变为所有权。于是，占有者因一种对公众有利、对自身更利的割让行为而被视为公共财富的保管者，他们的权利被国家全体成员尊重，并受到国家全力保护以防外邦人。如此，他们实则全然安享他们所献出的一切。只要分清主权者与所有者对同一地产所有的不同权利，这个两难推论是能解释的。此一点，我们将在后面继续展开讨论。

或许还有这样一种情景：在未拥有任何土地之前，人们就已开始联合，并共同占据一块足以满足所有需求的土地。他们可以共享这块土地，也可以按比例划分，或者遵循主权者的规定进行分配。无论采用何种方式，个人对自己土地的权利始终应归属于群体对所有人所拥有的权利。如果没有这一点，社会关系将无法稳定，主权的行使也将失去实际力量。

在此，让我以指出构成整个社会体系基石的论点，为本章乃至全卷画上句号：基本公约并未消弭造化赋予的平等，而是以道德和法律的平等取代了自然界中人与人之间力量的悬殊。换言之，尽管世人或才智不一，或体魄有别，但经由契约的缔结与权利的约定，于法律之下，人人皆享平等的地位。①

---

① 然而，在苛政暴敛的阴霾下，这种平等不过是一纸空文，只能使贫者永陷困顿，富者坐享其成。现实终会撕破法律的伪装，暴露出它实为富人的庇护所，穷人的牢笼。由此观之，唯有当人人皆有所得，而又无人占有过多，社会方能真正造福于民。

卷二

一、主权的不可转让性

以上所确立原则的首要且最关键的结果,在于唯有公意才能依循国家创制的宗旨,亦即公共福祉,来引领国家的各种力量。盖因个别利益的对立,使得社会的建立成为必要。而正是这些个别利益的契合,才使得社会的建立成为可能。正是这些不同利益的共通之处,才构筑了社会的纽带。倘若所有这些利益彼此并无任何一致之处,那么任何社会都无以存续。因此,治理社会理应完全以这种共同利益为依归。

是以我要言明：主权既然不过是公意的运行，就永远不能转让。而主权者既然只是一个集体的生命，就只能由其自身来代表。权力可以转移，但意志却不可以。

事实上，即便个别意志与公意在某些点上达成一致并非不可能，但这种一致若要持久而稳固，却是难如登天。盖因个别意志本性趋向偏私，公意则总倾向平等。人们若想确保这种一致，更是难上加难，即便它时常存在，那也非人力之功，而是机缘之赐。

主权者大可以宣言，"我意图，诚如此人之意图，或至少是他自称之意图"。然而，主权者难以预见说，"此人明日意图，亦将是我意图"，倾向于将自己束缚在未来的意志本身就是荒诞不经的，同时主权者也无法通过其他人的意志承诺任何违背原有意图、有损他人幸福的事情。若是人民唯命是从,这样的行为便会导致人民解体,丧失其作为"人民"的品质,在奴隶主出现之后,主权者也立马消除,政体也随之灭亡。

这并非表明,当人民有反对首领号令的自由时,若未进行这样的行动,则此号令不能被视为公意。此时,普遍的沉默可视为人民的默许。这题目将在下文详细解述。

二、主权的不可分割性

主权不可转让,同样的理由也使其不可分割。因为意志要么是公意[①],要么不是。它要么

[①] 公意无须永远一致,但每一票都必须被计入。任何排除都是对公意普遍性的破坏。

是全体人民的意志，要么只是其中一部分人的意志。在前一种情况下，这种意志一经宣示，便是主权的行为，构成法律。在后一种情况下，它不过是个别意志，或行政部门的行为，所以充其量不过是一项法令。

但是，许多政论家在原则上区分不了主权，于是从主权的执行对象上区分：他们把主权分解为力量与意愿，立法权力与行政权力，征税权、公正权与战争权，对内政权与对外政权。他们或混为一谈，或又拆解开来。

他们将主权者变成了一个由几块相连的部分组成的奇异存在，仿佛他们在创造一个由几个身体组成的人，一个有眼睛，一个有手臂，另一个有脚，而每个身体除此之外别无其他。据说日本的魔术师会在观众面前肢解一个孩子，然后将所有肢体一个接一个地抛向空中，接着那孩子便完好无损地落下。我们政治理论家的魔术也与之相似,他们先是凭借一种值得在集市上展示的幻术肢解了政治体,然后再以一种我们不知其然的方式将其重新组合起来。

这种错误源于对主权权威缺乏准确的概念,并将其派生物当作其组成部分。例如,宣战与媾和的行为曾被视为主权行为,但事实并非如此。这些行为并不构成法律,而仅仅是法律的应用,是决定法律如何适用的特定行为,一旦我们明确了"法律"一词所附带的概念,这一点就会变得清晰。

当我们同样审视其他分类时,就会发现,每当人们自以为看到了主权的分立,他们就犯了错误。而那些被认为是主权各个部分的权利,实际上只是从属于主权的,并且永远以至高无上的意志为前提,它们不过是执行最高意志的工具。

当政治权利的研究者试图用既定的原则来分析国王与人民各自的权利时,他们的结论常常模糊不清,缺乏明确性。格劳秀斯和巴贝拉克就是典型的例子。在格劳秀斯的著作第一卷的第三章和第四章中,这两位学者纠缠于自己的复杂论证中,小心翼翼地避免过多或过少的表述,以免得罪他们试图取悦的各方。

格劳秀斯对自己的祖国不满,逃离到法国。为了取悦路易十三,他把自己的著作献给了国王,尽力剥夺人民的所有权利,将这些权利献给君主。巴贝拉克将译作献给英国的乔治一世,也迎合了这种口味。然而,詹姆士二世的被驱逐(此称为"退位")使他不得不小心翼翼,避开敏感话题,表达含糊,以免将威廉塑造成篡位者。

如果这两位作者能够坚持真正的原则,所有难题都将迎刃而解,他们也能保持一致。他们本应坦诚直言,只应讨好人民。然而,坚持真理最终不会给他们带来好运,人民也不会赐予他们使节的头衔、教授的职位或丰厚的薪酬。

三、公意是否可能错误

从前文可以看出,公意总是公正的,总是以公共利益为依归。但这并不意味着人民的思考总是正确的。人们总是追求自己的幸福,但并不总能明确幸福的真正所在。人民不会腐败,但常常容易受到欺骗,在这种情况下,他们看似在追求不良的事物。

公意与众意之间存在着本质区别。公意

关注的是公共利益，而众意则是个人利益的汇总，代表着私利。尽管个人意愿相互抵消[1]，剩下的部分仍然构成公意。

在人民充分了解情况并进行讨论的前提下，如果公民之间没有相互勾结，从众多分歧中必然产生公意，讨论结果也必然正确。但一旦出现派系，小集团为谋求自身利益而牺牲大多数人利益时，每个集团的意志对其成员来说就成了公意，对国家而言却沦为个人意志。此

---

[1] 阿冉松侯爵曾言："每种利益都遵循不同的原则。两种个别利益之所以达成一致，是因为它们共同对抗第三种利益。"他还可以进一步指出，全体利益之所以能够统一，正是因为它与每个个体的利益相对立。假如世上完全没有利益的差异和冲突，那种永远畅通无阻的共同利益，反而难以被人们真切地感知。在那种情况下，一切都将自然运转，政治也就失去了其作为一门艺术的意义。

时，投票者的数量不再与人数相等，而只与集团数目相当。分歧数量减少，结果却偏离公意。当一个集团强大到压倒其他所有集团时，投票结果不再是众多小分歧的总和，而只剩下一种占优势的个人意见。至此公意荡然无存。

因此，要很好地表达公意，关键是国家不能存在派系，每个公民只表达自己的意见。① 这正是伟大的来古格士的独到之处。但如果派系已经存在，就必须增加其数量，防止它们之间的不平等，正如梭伦、努马和塞尔维乌斯所做

---

① 马基雅维利说："事实上，有些分歧对一个共和国是有害的，有些则是有益的。那些会引发宗派纷争、党派对立的分歧是有害的。而那些不会导致宗派党争的分歧则是有益的。既然一个国家的缔造者无法杜绝反对者的存在，那么他至少应当防止这些反对者形成宗派。"（《佛罗伦萨史》第七卷）

的那样。这是确保公意永远彰显、人民永不犯错的不二法门。

四、主权权力的界限

国家作为一个道德实体,其生命在于成员的团结,其首要关注点在于自身存续。为此,它必须拥有一种普遍而强制性的力量,以便以最有利于全体的方式推动和安排各个部分。正如自然赋予每个人支配自身肢体的绝对权力一样,社会公约也赋予政治实体以支配其成员的绝对权力。在公意指引下,这种权力被称为主权。

然而,除了这个公共实体,我们还必须考虑组成它的个人,他们的生命和自由本质上独立于公共实体。因此,问题在于恰当划分公民权利和主权者权利①，区分公民作为臣民应尽的义务和作为个人所享有的天然权利。

我承认，每个人因社会公约让渡的自身权力、财富和自由，仅限于全部中与集体利益密切相关的那一部分。但也必须承认，只有主权者才能判断什么是重要的。

一个公民一旦被主权者要求为国家服务，就应立即履行。但主权者绝不能强加于臣民任何对集体毫无裨益的约束。他甚至不应有此意图，因为在理性法则和自然法则之下，任何事情都不能毫无理由。

将我们与社会联结在一起的约定之所以

---

① 细心的读者们，我恳请你们不要急于指责我在此处自相矛盾。语言的局限性使我在措辞上难免出现这种矛盾，还请你们多多谅解。

具有约束力，正是因为它们是相互的，而且本质上要求人们在履行约定时不仅是为他人服务，也是在为自己服务。如果每个人在为全体投票时不把"每个人"当成自己，公意就无法始终保持公正，所有人也就无法真正希望彼此幸福。这证明了平等权利和由此产生的正义观念源自人性深处每个人对自己的偏爱。这也表明，公意要成其为公意，必须在目的和本质上都体现公共性。公意必须发端于全体，才能适用于全体。一旦公意倾向于个别的、特定的目标，就会丧失其天然的公正性，因为人们将失去公平的判断原则，只能凭个人好恶做出决定。

实际上，只要有任何个别事实或权利未被先前的协议覆盖，争议就难以避免。在这类争议中，一方是个人，另一方则是公众。但在这种情况下，既没有明确的法律可循，也缺乏具有裁决权的法官。此时，试图通过公众投票来解决问题显得非常荒谬。在这种情况下，公众的意见仅代表其中一方的观点，对另一方来说，这只是一种外来的、个别的意志，容易导致不公正和错误。因此，正如个别意志不能代表公众意愿一样，当公众意愿被用于个别目的时，它就变了质，不能作为公众意愿对个人或具体事件做出裁决。比如，当雅典人民在任命或解职领导人、授勋或下判决时，如果他们通过大量的个别法令来执行政府所有行为，他们的行为就不再代表真正的公众意愿，而是行政官的行为。这看似与常规理解相反，但请允许我逐步说明我的观点。

因此，决定意志能否成为公众意愿的，与其说是依赖投票的多少，不如说是依赖于将人们团结起来的共同利益。在这种制度下，每个人都必须接受他所强加给他人的条件。正是这种利益与正义之间的一致性，使得公共讨论具有了公正性。但在讨论任何具体事件时，由于缺乏共同利益来统一审判者和当事人的标准，这种公正性就会消失。

无论从哪个角度来看，这一原则都指向一个共同的结论：社会契约在公民之间建立了平等关系，使得每个人都在相同的条件下行事，享有相同的权利。因此，由于契约的本质，主权的所有行为（即那些真正出于公众意愿的行为）都平等地约束或者照顾到所有公民。主权者只承认国家作为一个整体，而不区分国家中的个体。但严格说来，主权的行为究竟是什么？它不是上下级之间的协议，而是整个社区与其成员之间的协议。这是一个合法的协议，因为它建立在社会契约之上。这是一个公平的协议,因为它适用于所有人。这是一个有益的协议,因为它的目的只能是公共利益。这是一个稳固的协议,因为有公共力量和最高权力作为保障。只要臣民遵守这样的协议,他们实际上不是在服从别人,而是在服从自己的意志。至于主权者与公民间相应的权利究竟有何限制,实际上就是在探讨公民对自己、每个人对整体以及整体对每个人能设定多少规范。

因此,虽然主权权力是完全的、绝对的、神圣的且不可侵犯的,但它也不能超出公共契约的界限。每个人都可以自由地处理这种契约留给他的财富和自由。因此,主权者永远没有权力要求任何一个公民比其他公民付出更多。否则,这将变成个别的行为,其权力也因此失效。

一旦承认这种区别,那么在社会契约中个人方面会做出任何真正牺牲这一说法便不再成立。契约的结果显示,他们的处境确实比以前更加可取。他们所做的不是一项割让,而是一笔有利的交易:以更美好、更稳定的生活方式,代替了不可靠、不安定的生活;以自由代替了天然的独立;以自身的安全代替了侵害别人的权力;以一种由社会结合保障其不可战胜的权利,代替了自己有可能被别人制胜的强力。他们献给国家的个人生命也在不断受到国家的保护。当他们冒生命危险去捍卫国家时,这难道不正是把自己从国家得到的东西重新给予国家吗?他们现在所做的,不正是在自然状态下,当生活于不可避免的搏斗中,为保卫自己的生存不得不更加频繁、更加危险地去做的事情吗?诚然,必要时人人都要为祖国而战,但这样一来,就再没有人需要为自己而战了。为了保障我们的安全,只需冒一旦丧失这种安全时我们本就必须冒的部分危险,这难道不是一种收益吗?

五、生死权

有人质疑:个人既然没有处置自身生命的权利,又怎能将这种权利转交给主权者?这个问题之所以难以回答,只是因为提法有误。每个人都有权为求生存而冒生命危险。一个为逃避火灾而跳楼的人,一个在风浪中遇难的船员,难道有人会指责他们犯了自杀罪或鲁莽罪吗?

社会契约旨在保全缔约者。要达目的就要择手段,而手段免不了要冒风险,甚至做出牺牲。谁要依靠他人来保全生命，必要时就应为他人献出生命。公民不应自行判断法律要求他冒的是何种危险。当君主说"为了国家，你需要去赴死"，他就应奔赴战场。因为正是由于这个条件，他才一直享受安全，他的生命不再只是天赋的馈赠，而是国家给予的有条件恩典。

判处罪犯死刑，也可从类似角度看待：正是为了不成为凶手的牺牲品，人们才同意，若自己做了凶手，也得接受死刑。在这一契约中，人们只考虑保障生命，而非结束生命。绝不能认为任何缔约者当初就预想自己要被绞死。

一个为非作歹之徒，既然他攻击社会权利，便因其罪行成了祖国的叛徒。他破坏了祖国法律，就不再是国家成员，而是在向国家开战。这时保全国家与保全他,不能两全,必须毁灭其一。对罪犯处以死刑,与其说是把他当公民,不如说是把他当敌人。起诉和判决证明并宣告他已破坏社会契约,不再是国家成员。既然他曾因居留而自认为国民,就应当把他当作公约的破坏者流放出境,或作为公敌处以死刑。因为这样一个敌人不是道德人,而只是个人。唯有如此,战争权才允许杀死被征服者。

有人可能会说,惩罚罪犯是一种个别行为。我承认如此,但这种惩罚不属于主权者。这是主权者只能委托别人而不能亲自行使的权利。我的观点前后一致,只是无法一下子阐明。

再者,频繁的刑罚总是政府衰弱或无能的标志。除非对那些活着就会造成危险的人,我们没有权利处死任何人,哪怕只是以儆效尤。

对已经受到法律惩处并经法官判决的罪犯，主权者拥有赦免或减刑的权利，因为他凌驾于法律和法官之上。然而即便如此，主权者的这一权利也并不明确，行使这种权利的场合也十分罕见。在一个治理有方的国家，刑罚本就罕见，这并非因为赦免太多，而是因为罪犯太少。只有当国家衰微、犯罪猖獗时，赦免罪犯才会频繁发生。罗马共和国时期，无论元老院还是执政官，都从未想过要行使赦免权，就连人民也不曾这样做过，尽管人民有时会撤销自己的判决。频繁的赦免预示着不久将无须再赦免，人人都看得出其后果。然而，我心中满是愤懑，笔下难以为继。让那些从未犯错、永不需要赦免的正直之士去讨论这些问题吧。

六、法律

　　社会契约为政治实体注入生机,立法则赋予其行动力。但政治实体的形成只是起点,如何行动以自我维系,尚需进一步探索。

　　事物的美好、有序源于天性,非人为约定使然。正义出于上苍,唯有神明才是正义之源。若人能参悟天道,何需政府和法律?理性孕育普遍正义,但唯有彼此承认,方能为世人所认可。没有天谴,世间正义只是空谈。善者坚守正道,恶人却不以德报德,恶人狂欢,善者蒙受不幸,这便是缺乏正义的悲哀。因此,我们需要契约和法律,统一权利与义务,使正义成为现实。自然状态下,万物共享,无承诺便无义务,他人之物于己无用。但在社会中,权利由法律界定,情形迥异。

法律的真谛难以言表,赋予其玄虚概念无助于理解。即便厘清自然法,国家法的奥秘依然难解。

我曾说过,个别事物无公意。这些事物不是在国家内,就是在国家外。如果在国家外,相对于国家而言,这外在意志不是公意。如果在国家内,它是国家的一部分:此时,整体与部分对比,一方是部分,另一方是除去部分后的整体,但整体减去部分后,就不再是整体;只要这种关系存在,就只有两个不相等的部分;因此,任何一方的意志都不会比另一方更具公意。

当所有公民共同制定规则时,只会考虑整体的利益。即使有对比关系,也是整体的不同方面,而不是整体的分裂。这种情况下,制定的规则具有公共性,就像制定规则的意志具有公意性一样。我称这种行为为法律。

法律永远面向普遍性,意味着它只关注公民的整体和抽象行为,而不涉及个人和具体行为。因此,法律可以规定各种特权,但不能指定某人享有特权;法律可以将公民划分为不同等级,设定各等级的条件,但不能指定某人属于某个等级;法律可以确立君主制和世袭继承制度,但不能选定国王或指定王室成员。总之,任何涉及个别对象的职能都不属于立法权的范畴。

基于这一观念,我们不必再问谁来制定法律,因为法律是公意的体现;也不必问君主是否凌驾于法律之上,因为君主也是国家的一部分;无须问法律是否会不公正,因为没有人会对自己不公;更无须问自由人为何要服从法律,因为法律正是我们自身意志的体现。

我们还可以看到，法律结合了意志和对象的普遍性，因此，任何个人，无论身份地位，擅自发号施令都不能被视为法律。即使主权者对某个具体对象发布命令，也不能成为法律，而仅是一项行政措施，是行政行为而非主权行为。

因此，任何实行法治的国家，无论其行政形式如何，我都称之为共和国。因为只有在这里，公共利益才是至高无上的，公共事务才是关键所在。所有合法的政府都是共和制的[①]，我

[①] 我深知这一名词不仅指一种贵族制或民主制，而是泛指一切由公意，亦即法律所主导的政府。要使政府合法，它绝不能与主权者混淆，而必须是主权者的执行者。因此，即便是君主制本身，也仍属共和制的范畴。这一点将在下一卷得到进一步阐明。

将在后面阐述何为政府。

严格来说,法律只是社会契约的条件。服从法律的人民应该是法律的制定者,只有组成社会的人们才有资格规定社会的运行条件。然而,这些人该如何规定社会的条件呢?是否能够突然灵机一动,达成共识?政治体是否具备表达自身意志的机制?是谁赋予政治体以必要的远见,使其能够预先设计并公布这些行为?或者,在必要时又该如何宣告这些行为?

盲目的群众常常不知自己真正需要什么,因为他们对于什么对自己有益知之甚少。那么,他们又怎能亲力亲为,完成像立法这样重大而困难的事业呢?人民永远渴望自己的幸福,但却并非总能洞悉幸福的真谛。公意永远正确,但指引公意的判断却不总是明智的。因此,必须让人民看清事物的本质,有时还要展示应有的假象。必须为他们指明通往美好的道路，使其不受个别意志的诱惑，能够看清时间与地点，以远虑来平衡眼前利益的诱惑。

个人虽然看得到幸福，却不一定追求。公众虽然渴望幸福，却可能看不清。两者都同样需要引导。因此，必须让前者以意志服从理性，让后者学会认清自己的愿望。这时，公共智慧便在社会中形成了理智与意志的结合，由此才有各部分的紧密合作，最终达到整体的最大力量。正因如此，我们才必须要有一位立法者。

七、立法者

要为各个民族找到最适宜的社会规则，需要一种至高无上的智慧。它能洞察人类的全部情感,却不受任何情感支配。它虽与人性无关,却能深入人性。它自身的幸福虽与我们无涉,却愿意关怀我们的幸福。它在时间的长河中关注永恒的荣耀,能在当世耕耘,来世享誉。① 为人类制定法律,简直需要神明。

卡利古拉从事实出发,而柏拉图则从权利出发,在其《政治篇》中对理想的政治家或统治者做出了相同的推论。但是,如果说一位伟大的君主已属罕见,那么一位伟大的立法者又该有多么稀有?前者不过是遵循后者规划的模型,一个是发明机器的工程师,另一个只是安装和操作机器的技工。正如孟德斯鸠所言:

---

① 一个民族,唯有当其立法初现衰颓之时,方始广为人知。世人常忽略,来古格士(Lycurgus)的法度在为希腊诸邦所瞩目之前,早已为斯巴达人缔造了数百年的幸福生活。

"共和国建立之初,首领们创设制度。此后,便由制度塑造共和国的领导人。"①

敢于为一个民族进行创制的人,可以说必须有信心改变人性,将每个作为完整独立个体的人转化为更大整体的一部分,使个人以某种方式从整体获得生命与存在。改变人的素质,令其得到强化。以作为全体一分子的有德生命,取代我们天生拥有的独立生理生命。总之,必须剥夺人固有的力量,赋予他们自身之外、非他人帮助无法运用的力量。天然力量消除得越彻底,获得的力量就越大、越持久,制度也就越稳固、越完美。如此一来,每个公民若脱离他人就一无所有、一事无成。如果整体获得的力量等于或超过全体个人天然力量的总

---

① 孟德斯鸠:《罗马盛衰原因论》第一章。

和,那么立法就达到了可能的最高完美。

立法者在各方面都是国家中非同寻常的人物。这一点,既源于他的天赋,也源于他的职责。这一职责既非行政,亦非主权。它缔造共和国,却不在共和国的组织之内。它是一种独特而超然的职能,与尘世毫无共通之处。因为,号令人民者不应号令法律,号令法律者更不应号令人民。否则,他的法律将受制于他的情感,只能贯彻他自己的不公,而他个人意见对其事业神圣性的损害,将不可避免。

来古格士为斯巴达制定法律时,先行逊位。希腊城邦大多有委托外邦人制定本国法律的传统。意大利的共和国时常效仿这一做法,日内瓦共和国亦然,结果很好。① 在罗马最辉煌

---

① 那些仅仅将加尔文视为一位神学家的人,并未充

时期，人们已看到暴政的罪恶在其内部死灰复燃，它面临灭亡，因为立法权威与主权力量集于同一批人之手。

然而，十人会议本身从未要求仅凭自身权威通过任何法律。他们对人民说："我们向你们提议的任何事情，非经你们同意，绝不能成为法律。罗马人啊，请你们自己制定有益于你们的法律吧！"

因此，起草法律者没有，也不应有任何立法权力，人民即使自愿，也绝不能放弃这种不

（接上页）分认识到他天赋的广博。他为我们制定明智法令所做出的贡献，给他带来的荣誉丝毫不亚于他的著作《基督教要义》。无论岁月如何改变我们的宗教信仰，只要我们对祖国和自由的热爱不曾熄灭，我们就会永远怀着感恩之心，缅怀这位伟大的人物。

可转让的权利。因为根据根本公约,只有公意才能约束个人,而我们无法确定个别意志是否符合公意,除非经过人民自由投票。这一点我已谈过,但再次强调并非多余。

由此可见,立法工作中存在两个看似不相容的困难:就其本质而言,它超越了人力所及;就其执行而言,它又似乎形同虚设。

此外还有另一个值得注意的难题。智者若想用自己的语言而非俗人的语言向俗人立法,就不会被他们理解。然而,有千千万万种理念是无法翻译成通俗语言的。过于宏大的理念和过于遥远的目标,都同样超出了人们的能力范围。每一个人所青睐的政府计划,无非是与他自身利益相关的计划,他们很难意识到自己能从良法要求的不断牺牲中获得何等裨益。为使一个新生的民族热爱健全的政治原则,遵循国家利益的根本准则，就必须本末倒置，让本应由制度塑造的社会精神凌驾于制度之上，让人们在法律出台前就能具备法律应造就的品格。因此，立法者既不能诉诸强权，也不能借助说理，于是便不得不求助于另一种权威，它无须武力即能约束人心，无须论证即可说服世人。

这就是历代以来，各民族先贤们都要祈求上天垂怜，以自身的智慧来崇敬神明的缘由。他们希望人民能像遵从自然法则一般遵从国家法律，在认识到人与国邦皆由同一权力创造时，心悦诚服地承担起公共福祉的重担。

这些超凡脱俗的崇高道理，正是立法者将决策托付给天意的原因，借此以神圣的威权来感化那些不为人的深谋远虑所动的民众。① 但

---

① 马基雅维利说："事实上，在任何民族中，也没有

并非人人都能替天发声,即便自称是神的代言人,也未必为世人所信。唯有立法者伟大的灵魂,方能证明其使命的真实性。任何人都可以刻碑立传,收买神谕,佯装通灵,训鸟传话,或用其他卑劣手段来欺世盗名。只晓得耍弄这些小把戏的人,或许偶尔能聚集一群愚民,但他绝不可能建立一个帝国,他那荒唐的伎俩很快就会随他本人一起湮灭。虚假的威望只能营造转瞬即逝的联系,唯有智慧才能经久不衰。那些迄今仍在的犹太律法,那些统治了半个世界数十个世纪的伊斯兰教法,至今依然彰显着立法者的伟大。当狂妄的哲学家和盲从的教派

(接上页)过不求助于上帝的特殊立法者。否则,法律便不会为人们所接受。因为尽管智者能认识到许多良好的法律,但其道理却不足以说服别人。"(《论李维》第一卷第十一章)

将这些人视为侥幸得逞的骗子时，真正的政治学者却赞美他们制度中主导持久伟业的雄健睿智。

然而，绝不可以从这一切里得出与华伯登一样的结论，认为政治与宗教在人间有着共同的目的。而应该说，在各个国家起源之初，宗教是被用作政治的工具的。

八、人民

正如建筑师在营造大厦前要先检验地基，看其是否能承载建筑之重。明智的创制者也不会一开始就着手制定良好的法律，而是要先考察拟立法的对象是否适合接受这些法律。正因如此，柏拉图才拒绝为阿卡狄亚人和昔兰尼人立法，因为他知道这两个富庶的民族不能容忍平等。同样，我们也看到克里特虽有良法，却是劣民，因为米诺斯所统治的是一群作恶多端之徒。

世上有无数民族从未能忍受良好的法律，而即便是那些能够忍受的，也只是在他们漫长岁月中的极为短暂的一段时间里做到了这点。大多数民族，就像个人一样，只有在青春时代易被驯服，年纪渐长，则积习难改。一旦风俗习惯确立，偏见成见扎根，再想改变就既危险又徒劳了。人民甚至不能容忍别人触及自身的缺点以求消除，就像愚昧怯懦的病人一见医生就战栗不已。

正如某些疾病能刺激人的神经，使其忘却过往，国家的历程中有时也会出现震荡的时期，革命给人民带来的创伤堪比重症之于个人。这时，对昔日的恐惧取代了遗忘。这时，在内战的烈焰烧灼下，国家可谓浴火重生，挣脱死亡的束缚，重获青春的活力。来古格士时代的斯巴达如此，塔克文王朝后的罗马亦然。当代驱逐暴君后的荷兰和瑞士，也曾一度如此。

然而，这种事情极其罕见，它们不过是特例。而它们之所以成为特例，原因总能在这些国家独特的体制中找到。同一个民族不会两次遇到这样的例外，因为只有在一个民族尚未开化之时，它才能获得自由，一旦政治活力衰竭，它就再也无法如此了。那时，苦难可以摧毁它，但革命却无法使它重生。一旦它的枷锁被打破，它就会四分五裂，不复存在。从此以后，它需要的不再是解放者，而是一个主人。自由的人民啊，请铭记这条真理："人们可以争取自由，却永远无法重获自由。"

青春不同于幼年。正如个人一样，每个民族都有一个青春期，或者说是一个成熟期，只有到了这个时期，他们才能服从法律的约束。然而，一个民族的成熟往往难以辨识，如果人们操之过急，这项事业就会以失败告终。有些民族天生就能接受纪律的约束，另一些民族却可能千年之久也无法做到。俄罗斯人永远不会真正开化，因为他们开化得太早了。彼得大帝具有模仿的天赋，但他并没有真正的天赋，即那种创造性的、白手起家的天赋。他所做的事情有些是好的，但大多数却不合时宜。他看到他的人民是未开化的，却没有意识到他们尚未成熟到可以接受开化。他想让他们文明，而当时真正需要的只是磨炼他们。彼得起初想把人民塑造成德国人或英国人，而当时他应该着手把他们塑造成俄罗斯人。由于让臣民相信自己是他们本不是的模样，彼得永远阻碍了他们成为他们本可能成为的样子。有位法国教师也是如此教导学生，想让学生在年幼时就声名显赫，结果到头来一事无成。俄罗斯帝国妄图征服全欧，却终将被征服。它的附庸兼邻居鞑靼人将成为它的主人，也是我们的主人。在我看来，这场革命不可避免。所有欧洲国王都在努力加速它的到来。

九、人民（续）

正如大自然为健康的人体设定了一个限度，超过这个限度，人就会变成巨人或侏儒。同样，对于一个制度最为完善的国家，其疆域也有一个界限，既不宜过大而难以治理，也不宜过小而无法自保。每个政治实体都有一个它无法逾越的力量极限,而随着它的扩张,它往往会越来越远离这个极限。社会的纽带越是延伸,就越是松弛。总的来说,小国往往比大国更加强大。

无数事实证明了这一点。首先,距离越远,行政管理就越困难,就像杠杆越长,其末端的重量就越大。随着层级的增多,行政负担也越来越重:起初每个城市都有自己的行政机构,这是人民的负担;每个州也有自己的行政机构,同样是人民的负担;然后是每个省、大区、总督府……层层加码,直至庞大的中央政府。如此沉重的负担,不断消耗着臣民。繁复的等级制度非但没有带来更好的治理,反而比只有一个中央政府时更加低效。同时,政府几乎没有力量应对非常情况。当危机来临时,国家往往已经濒临灭亡。

不仅如此,政府会缺乏勇气和决断去执行法律,平息骚乱,惩治渎职,预防边疆叛乱。而人民对素未谋面的统治者、似乎遥不可及的祖国、大多陌生的同胞,也缺乏感情。同一部法律不可能适用于风俗迥异、气候相反的众多地区,它们也不可能接受同样的政体。不同的法律只会在人民中引发纷争和混乱,因为他们生活在同一位君主治下,不断交往,通婚,吸收彼此的习俗,最终再也分不清哪些才是自己世代相传的传统。在这样一个成员互不相识、只靠至高无上的权力维系的群体中,才能被埋没,德行不受重视,罪恶逍遥法外。事务繁多的统治者无暇亲政,只能依赖臣僚治国。

最终,为维系公权,那些遥远的官员不是规避,就是窃据,耗尽公共资源。如此一来,他们既无余力造福人民,危急关头也难以保全苍生。体制过于臃肿的共同体,终将在自身重压下崩溃瓦解。

反之,国家需要坚实基础,方能稳固,经受住不可避免的震荡,为自保而不懈努力。万族皆有离心之力,不断相互作用,倾向以邻为壑,如笛卡尔漩涡般扩张。弱小国家随时可能被吞并,唯有各方势力均衡,压力接近相等,方可自保。

由是观之,扩张与收缩皆有其理。寻找二者间最有利国家生存之比例,需非凡政治才能。概而言之,前者乃外在相对,应服从于后者之内在绝对。建立健全有力之体制乃首要任务。良政所赋予之活力,较之广阔疆域所提供之资源,更应受到重视。

此外,亦有国家,其体制本身即包含着不断征服之必要性,为维系自身,不得不无休止扩张；虽为此幸运宿命而自喜，然而鼎盛之极，衰亡之时即将显现，无可避免。

十、人民（续）

衡量政治实体，可从领土与人口两方面着眼。二者之间，存在一个恰当比率，方能造就真正伟大的国度。国家由人组成，土地养活人民。比率之妙，在于土地恰好养活居民，居民数量又恰与土地承载力相当。唯有如此，方能发挥一定人口规模的最大力量。土地过多，防卫艰难，开发不足，物产过剩，引发防御战争。土地不敷，需向邻国求助，引发侵略战争。民族若只能在商战之间抉择，其本身必然脆弱。依赖邻国，仰仗形势，生命短暂不安。要么征服他人以改变处境，要么被征服而消亡。唯有渺小或伟大，方能保全自由。

计算土地与人口互相满足的准确比率，难之又难。土地质量、肥沃程度、物产特性、气候影响各异。居民体质亦有差异，或生活简朴，或需求甚多。妇女生育力、国土是否利于人口增长、立法制度能否发挥作用，皆需考量。立法者须放眼未来，而非只看当下；着眼人口趋势，而非仅顾现状。偶然事件和千百种情况，或迫使或允许人们拥有多于必要的土地。山地居民要扩展领土，因山地物产只需较少劳动，山地妇女生育力更强，倾斜山地仅有小块平地可耕。海滨居民则可缩小土地，即使荒凉贫瘠，渔业可补土地之不足，居民需聚集抵御海盗，也易于通过殖民减轻人口负担。

立国还需富足与和平。国家建立之初，如军队编组之时，正是共同体最脆弱之际。无秩序状态下,人们抵御外敌之力,犹胜酝酿变革之时。变革酝酿时,人人只顾一己地位,忽视危险。若此时发生战祸、饥荒或叛乱,国家必定崩溃。

风暴期间,国家虽建立过许多政府,然往往正是这些政府在摧毁国家。篡国者利用多难时局,操弄民众恐惧,通过毁灭性法律。选择恰当时机创制,正是区分立法者与暴君的关键标志。

然而,何种民族方适合立法?他们虽已因渊源、利益或约定而结合,却未曾真正受法律羁绊;他们无根深蒂固之传统迷信,不会被突如其来之入侵摧毁;他们不参与邻国纷争,能独力抵御任何邻邦,或借助一方对抗另一方;他们彼此熟知,不会将重担强加于个人;他们自给自足,不富不贫,而其他民族无须依赖他们也能生存①；最后，他们能将古老民族之坚韧与新生民族之顺从融为一体。立法之难，不在于需要建立什么，而在于必须摧毁什么。成功之罕见，正在于难以找到自然纯朴与社会需求相结合之处。诚然，这一切条件难以齐备，因此我们才少见体制完善之国家。

然而，欧洲尚有一国适合立法，那便是科

---

① 倘若两个毗邻的民族，其中一个若离开另一个便无以为继，这种境况对前者而言殊为窘迫，对后者亦甚为危殆。置身此种情势，任何睿智的民族皆会竭尽全力，迅速将另一民族自此依附的桎梏中解放出来。斯拉斯加虽为墨西哥帝国环伺，却宁可不向墨西哥人购买盐，甚或不接受其施舍的盐，以求自身得以存续。精明的斯拉斯加拉人洞烛了这慷慨外表下的诡谲心机。他们捍卫了自身的自由，而这个饱受大帝国封锁的弹丸小国，终究成了导致那个庞然大物崩塌的关键一环。

西嘉岛。这勇敢的民族在争取和捍卫自由时所展现的豪迈坚定，确实值得智者教导他们如何守护自由。我预感，总有一天，这小岛会震惊整个欧洲。

十一、各种立法体系

探讨立法体系的终极目标，即整体的最大幸福，我们可以将其归纳为自由与平等两大核心要素。自由是基于这样的认识：个体对权力的依赖会削弱国家的整体实力。平等则是自由存在的前提，因为在不平等的环境中，自由无法生存。

关于社会自由的本质，我已有所论述。至于平等，它并不代表权力和财富的完全等同，而是指权力不应超越法律和职责的界限，不应行使非法暴力；在财富方面，要避免出现极端富裕者可以操控他人，以及极端贫困者被迫出卖自己①的情况。因此，需要贵族控制其过度的财富和权力，平民也需抑制过度的贪欲。

有人说，这种平等只是一种理论上的空想，在实践中根本不可能存在。但是，滥用权力即便不可避免，难道就不应设法纠正吗？正因为事物的力量总是倾向于破坏平等，立法的力量才应当总是致力于维护平等。

然而，一切良好制度的这些普遍目标，必须根据各国的具体情况和民众性格所产生的种

---

① 欲求国之稳固，当使两极尽量接近，不许豪富，亦不许赤贫。此两个阶层天然相伴，皆为公共福祉之大敌：一者产生暴政之奥援，另一者则孕育暴君。他们之间永远在进行着一场有关公共自由的交易：一方购买自由，一方出卖自由。

种对比关系加以调整。正是依据这些对比关系，才能为每个民族制定一套特殊的体制，这种体制本身或许并非最佳，却是最适合推行它的国家的。例如，如果土地贫瘠，或者国土相对人口过于狭小，就要转向工商业，用其产品交换所缺乏的粮食。相反，如果你拥有富饶的平原和肥沃的山坡，有广袤的土地却缺少居民，就要专注于能够繁衍人口的农业，摒弃一切工艺。工艺只会将本就稀少的人口集中在少数地方，最终导致国家人口减少。如果你拥有广阔便利的海岸，就要让大海布满船只，发展商贸与航运，你将获得辉煌而短暂的生命。①

---

① 阿冉松曾言："对外贸易的任何部门，对整个国家而言，不过是一种虚幻的利益。它虽能使某些个人乃至某些城市富甲一方，但对整个国家却无丝毫裨益，人民亦难从中获利。"

如果海洋在你的海岸冲刷着几乎无法攀越的岩石,那就安于做个野蛮的渔民吧,你会生活得更加恬静,或许更加美好,无疑更加幸福。总之,除了适用于所有人的共同准则,每个民族都有一些特殊原因,使其必须以独特的方式规划秩序,使其立法只适用于自身。正因如此,古代的希伯来人和当代的阿拉伯人以宗教为主,雅典人重视艺术,迦太基和推罗专注贸易,罗德岛擅长航海,斯巴达尚武,而罗马崇尚道德。《论法的精神》一书的作者已经用大量实例阐明,立法者是如何巧妙地引导制度朝向各自的目标的。

要使一个国家的体制真正巩固而长治久安,关键在于因事制宜,使自然关系与法律在各个方面保持一致,可以说,法律只是在保障、伴随和矫正自然关系。但是,如果立法者在目标上犯了错误,他所采取的原则与事物本性所产生的原则相悖,以至于一个趋向奴役,另一个趋向自由;一个趋向财富,另一个趋向人口;一个趋向和平,另一个趋向征服;那么,我们就会看到法律逐渐被削弱,体制发生变化,国家持续动荡,最终要么毁灭,要么改头换面。于是,不可战胜的自然又重新恢复了统治。

十二、法律的分类

为了提升公共事务的整体秩序和效率,我们必须考虑几种关键的关系。首先是整个国家与自身成员的关系,即整体与个体的关系,或者说是主权者与国家的关系。这种关系的基础是比例关系。

这种比例关系所依据的法律被称为政治

法，而合理且根本的政治法则被视为宪法。如果一个国家找到了适合自己的治理方式，就应当持续遵循。然而，如果现行的秩序效果不佳，就没有必要把这种低效的法律作为基础法律。此外，无论在什么情况下，人民都有权改变他们的法律，即使这些法律曾被认为是最佳的。因为如果人民选择自我伤害，没有任何人有权阻止。

第二种关系是国家成员之间以及成员与整体之间的关系。成员间的关系应尽可能独立，而成员对国家的依赖应尽可能大。这种独立与依赖的平衡是通过加强国家的整体力量来实现的，从而确保每位公民的自由。民法正是基于这种关系。

第三种关系是个人与法律之间的关系，特别是违法行为与相应惩罚之间的关系。这构成了刑法的基础，刑法本质上是对所有法律的制裁手段。

除了上述几种法律之外，还有一种极其重要的法律，这种法律镌刻在公民的内心，构成国家的真正宪法。它通过每日的实践不断增强力量。当其他法律逐渐衰退或失效时，它能够恢复或替代这些法律。它维持着民族的创造精神，并通过习惯的力量悄然取代权威。这就是风俗习惯，特别是公共舆论，它是政治家常常忽视的，但却是所有成功与失败的关键。这正是伟大立法者隐秘关注的领域，尽管他们看似只是设立具体法规，但这些法规实际上如同穹顶的支撑梁，而逐渐形成的风俗则是构成稳固穹顶的关键石。

在这些分类中，只有构成政府形式的政治法与我的主题直接相关。

卷三

在开始探讨各种政府形式之前,我们首先需要明确"政府"这一概念的准确定义,因为此前对其解释尚不充分。

一、政府总论

我恳请读者仔细阅读本章,因为对于那些粗心大意的人,我无法清楚地解释。

所有自主行为都有两个来源:一是精神原因,即决定行动的意志;二是物理原因,即执行行动的力量。当我向目标前进时,首先我必须有这样的意愿,其次我的双脚必须能够支持我前行。无法行走的人虽想奔跑,而脚步轻快的人若无此意愿,同样原地不动。政治实体同样具有力量和意志两种动力,分别对应行政权和立法权。没有这两者的结合,任何事务都无法或不应完成。

已经明确,立法权属于人民,且只能属于人民。相反,根据之前的原则,行政权不能像立法权或主权那样广泛。因为行政权只涉及特定行动,不属于法律或主权范畴。所有主权者的行为都是法律行为。

因此,公共力量必须通过适当的代表来集中,并按照公众意愿运作。这些代表充当国家与主权者之间的纽带,它们对公共人格的作用,犹如灵魂与身体的结合对个人的作用一样。这就是建立政府的原因。政府和主权者经常被混淆,但实际上政府只是主权者的执行者。

那么,政府究竟是什么?政府是在臣民与主权者之间建立的中介机构,以确保二者之间的协调。它负责执行法律、维护社会秩序和政治自由。

这个中介机构的成员称为行政官或国王,即执政者;整个机构则被称为君主制[①]。因此,有人认为,人民服从领导者的行为并非基于契约,这种观点有其合理性。这完全是一种委托,一种任命;在此过程中,他们仅是主权者的代理人,以主权者的名义行使赋予的权力,并且只要主权者愿意,就可以限制、更改或撤

---

① 正因为如此,在威尼斯,即便当大公不在场时,人们仍尊称大议会为"最尊敬的君主殿下"。

销这些权力。转让这种权利既不符合社会团体的本质，也违背其结合的初衷。

因此，我将合法行使行政权的组织称为政府或最高行政机关，并将负责行政的个人或团体称为君主或行政官。

政府是那个连接主权者和人民的中间力量。这些力量的比例关系体现了主权者对国家的控制程度。可以用一个比例来表示，主权者和国家的关系通过中间的政府来调节。政府接受主权者的命令，并向人民传达。为了保持国家的平衡，经过计算，政府的作用力应等同于同时具有主权者和臣民双重角色的公民的作用力。

任何改变这三者之间关系的尝试都会立刻打破这种平衡。如果主权者过度控制、行政官越权立法，或臣民拒绝服从，就会引起混乱，力量与意志不再协调，国家可能走向崩溃，陷入专制或无政府状态。正如每个比例关系中只能有一个中项一样，一个国家也只能有一种有效的政治结构。

由于可能影响这些比率的因素众多，不同的民族可以有不同的最佳政治结构，甚至同一民族在不同时期也可能需要不同的政治结构。

以人口数量为例，来解释可能影响这些比率的因素。假设一个国家有一万名公民，主权者作为一个整体考虑，但每个公民作为臣民被视为个体。因此，主权者与臣民的比率是一万比一，即每个成员只拥有主权的万分之一，尽管他们必须完全服从主权。如果人口增至十万，每个公民的表决权减少到十万分之一，其在立法中的影响力也降低了。此时，虽然臣民的身份未变，但主权者的比例随着人数的增加而增大。这表明，国家规模越大，个人自由就越小。

所谓比率的增大，意味着它与平等的距离越来越远。从几何学的角度看，比率越大，从常规意义上看，比率实际上越小，前者是以数量比来衡量，而后者是以相似值来计算。

个体意志与公共意志的比率，即个人行为对法律的影响越小，政府需要的管制力量就应该越大。因此，随着人口增长，政府应相应加强其治理能力。

国家扩张为公共权力的受托者带来了更多滥用权力的诱惑和机会。因此，随着政府对人民约束力的增强，主权者对政府的约束力也应相应加强。这里讨论的不是绝对力量，而是国家各部分之间的相对力量。

通过这种双重比率，我们可以看出，主

权者、政府与人民之间的比例关系是政治实体的本质特征，而非空想。这种比例关系显示，人民作为臣民的地位始终是固定的"一"。因此，每当这种双重比率发生变化时，单一比率也会随之变化，中间项也相应调整。这表明，没有唯一的、绝对的政体形式，随着国家规模的变化，可以存在多种不同性质的政府。

对于那些认为按照我的方法，只需计算人口数量的平方根就能找到政府这一中间项的观点，我要指出，人口数量只是一个示例。我所讲的比率不应仅以人数来衡量，而应综合考虑多种因素。即使我暂时使用几何学术语以便简洁表达，我也明白几何学的精确性在处理精神领域的数量时并不适用。

政府不仅是一个道德实体，被赋予一定的权力，同时也是一个大型政治共同体的缩影，既能主动作为,又受到制约。我们还可以将其分解为更多类似的比率,形成新的比例,并按照执政等级继续划分。这一过程可以持续到不可再分的中间项,即唯一的首领或最高行政官,这个角色可以视为整个序列中的桥梁。

我们无须过分纠结于这些复杂的术语,只需认识到政府在国家内部是一个区别于人民和主权者的新共同体,并作为两者之间的中介即可。

这两种共同体存在本质差异:国家是为自身而存在,政府则是为了主权者而设立。因此,政府的统治意志应当与公共意志或法律相一致。它所拥有的力量,仅是集中于其身上的公共力量。一旦政府试图行使某种绝对独立的权力,整个社会的联系便开始瓦解。若政府形成了超越主权者意志的独立意志,并用掌握的公共力量追随这一意志，结果将是出现两个主权者，即法理上和事实上的主权者，这将导致社会结构的解体和政治实体的崩溃。

为了让政府这一共同体真正存在，区别于国家共同体，并具备真正的生命力，使其成员能协同工作，实现设立政府的目的，政府必须具有独立的"自我"，拥有全体成员共有的情感、力量和自我保存的固有意志。这种独特的存在需要依靠大会、内阁会议、审议权和决策权，以及政府首脑的专有权利和称号，使行政官员能根据职责的重要性获得相应的尊重。挑战在于如何在保持整体架构的同时，安排这一附属整体，确保其在确立自身体制时不会改变总体制，始终能够区分维护自身与维护国家的力量。总而言之，政府应始终准备为人民牺牲自身，而非牺牲人民以维护政府。

尽管政府作为人为设立的共同体,是另一个人为共同体的产物,且在某种程度上只具有借用的和附属的生命,但这不妨碍政府以一定的活力和灵活性行动,可以说,它能拥有或多或少的健康状态。尽管政府不能直接违背其创建目的,但根据其建制方式,可能会或多或少地偏离这一目的。

由于这些差异,政府相对于国家共同体的比例也会随着国家本身因各种偶然和特殊情况的变化而不同。因此,即使某政府在某种条件下表现最佳,如果根据其所在政治实体的缺陷调整比例,它也可能变成最差的政府。

二、各种不同政府形式的建制原则

为了深入分析这些差异,我们必须明确区

分政府首脑与政府的关系,正如我们之前区分了国家与主权者一样。

行政部门可以由不同数量的成员组成。正如我们已经指出的,人民数量越多,主权者与民众的比例也就越大。类似地,政府与行政官员之间的比例也遵循这一规律。

然而,政府的全部力量本质上是国家的力量,因此并不会有所改变。由此可见,政府在其成员上投入的力量越多,留给全体人民的力量就越少。

因此,行政官员的人数越多,政府的效能就越弱。这是一个基本的原则,值得我们进一步阐述。

在行政官员个体上,我们可以区分出三种完全不同的意志:首先是个体的私人意志,它主要关注个人的特殊利益;其次是所有行政官员的共同意志，这可以视为政府首脑的利益，我们称之为集体意志，在与政府的关系中是公共的，在与国家的关系中则是个别的；第三种是人民的意志或主权意志，不论是对于国家整体还是政府这一部分，这一意志都是至高无上的。

在理想的立法环境下，个人意志应无立足之地，政府的集体意志应处于次要地位，而公共意志或主权意志则应始终占主导地位，成为所有其他意志的唯一标准。

相反，在自然状态下，这些不同的意志越是集中，就越显活跃。因此，公共意志往往最为脆弱，集体意志次之，个人意志则居于首位。因此，在政府中，每个成员首先是他自己，其次才是行政官员，然后才是公民。这种排序与社会秩序的要求正好相反。

既然如此，如果整个政府掌握在一人手中，个人意志和集体意志就会完全合一，从而集体意志达到可能的最高强度。但是，由于力量的运用取决于意志的强度，而政府的绝对力量不变，因此最为活跃的政府形式就是独裁政府。

相反，如果假设我们将政府与立法权合并，让主权者成为政府首脑，所有公民都成为行政官员，那么集体意志与公共意志将混为一谈，其活跃度不会超过公共意志，而个人意志仍保持其全部力量。这样，政府虽然拥有相同的绝对力量，但其相对力量或活跃性将处于最低状态。

这些比例关系是明确的，并且从其他角度也可以得到证实。比如，我们会发现，在共同体中的每一个行政官员都比每一个公民更为活跃，因此个人意志在政府行动中的影响力大于在主权者行动中的影响力。每个行政官员通常都承担一些政府职能，而每个公民在个人层面上并不具备主权的任何职能。此外，国家越广阔，其实际力量也越强，尽管实际力量的增强并不与领土面积成正比。然而，即使国家疆域不变，行政官员的数量可以任意增加，政府的实际力量也不会增强，因为政府的实际力量即是国家的力量，两者始终保持一致。因此，政府的相对力量或活跃度会减弱，而其绝对力量或实际力量无法提升。

此外，我们可以确定一点：执行职责的人数越多，行动的迅速性就越受影响。过分强调谨慎行事会忽视把握时机；犹豫不决，错失良机，过度考虑导致决策目标无法实现。

我之前已经论述过，随着行政官员数量的

增加，政府的运作会变得松弛。同时，我也曾指出，人民数量越多，对政府的制约力量也应增强。由此可以看出，行政官员与政府的比例应同臣民与主权者的比例成反比。这意味着，国家越辽阔，政府应越精简，从而使领导者的数量能随着人民数量的增加而相应减少。

需要指出的是，我在这里讨论的只是政府的相对力量，而不是其合法性。因为反过来说，行政官员的数量越多，集体意志也就越接近公共意志。但如果只有一位行政官员，这个集体意志正如我所说，不过是一个个人意志而已。这样看来，人们在某方面的损失，可以在另一方面得到补偿。立法者的智慧在于，巧妙地找到一个平衡点，使那些永远处于反比关系的政府力量与政府意志，能结合成最有利于国家的比例。

三、政府的分类

在前一章中,我们已经根据组成政府的成员人数来区分政府的不同类别或形式。在这一章,我们将进一步探讨这种分类的方法。

主权者可以选择将政府权力交给全体人民或绝大多数人民,使得担任行政官员的公民数量超过普通公民。这种政府形式被称为民主制。

另一种选择是将政府权力集中在少数人手中,使得普通公民的数量多于行政官员,这就是所谓的贵族制。

最后一种形式是将整个政府权力集中于一位至高无上的行政首长之手,其他所有人都从他那里获得权力。这种最为常见的政府形式就是君主制或帝王制。

值得注意的是，所有这几种政府形式，或者至少前两种，都存在或多或少的变动空间，甚至可能有相当大的变动幅度。民主制可以涵盖全体人民，也可以缩小到人民的半数。贵族制则可以从人民的半数无限制地缩小到极少数人。即便是王权也可以接受一定程度的分割。斯巴达按其宪法，曾经同时拥有两位国王。罗马帝国也曾出现过八位同时在位的皇帝，但我们并不能因此说罗马帝国分裂了。由此可见，每种政府形式都存在与其他形式相重叠的某个临界点。而在这仅有的三种名称之下，政府实际上所能包含的各种不同形式，其数目之多堪比一个国家可能拥有的公民数量。

此外，同一个政府在某些方面还可以进一步分为若干部分，一部分以某种方式施政，而另一部分则以另一种方式施政。这样一来，三种基本形式相互结合就可以衍生出大量的混合政体，每一种都可以追溯到这些简单形式。

关于什么是最好的政府形式，历史上曾经有过许多争论，却忽视了一个事实：每一种形式在特定情况下都可能是最好的，但在另一种情况下又可能是最糟的。

如果在不同国家中，最高行政官员的人数应该与公民数量成反比，那么一般来说，民主政府就适合小国，贵族政府适合中等国家，君主政府则适合大国。这条规律可以直接从原则中得出。然而，又怎么计算那些可能构成例外的诸多情况呢？

四、民主制

立法者最清楚法律的执行和解释方式。因

此，将行政权与立法权结合在一起的体制看似完美，但实际上存在严重缺陷，因为本应分离的权力没有得到分离。君主与主权者合二为一，形成了一种没有真正政府的政府。

立法者兼任执法者并非明智之举。人民共同体将注意力从全局转移到个别事务上也不可取。私人利益对公共事务的影响是极其危险的，政府滥用法律的危害远不及立法者的腐化，而那正是个人观点作祟的必然后果。此时，国家本质发生变化，任何改革都将无法实现。一个从不滥用政府权力的人民，也不会滥用独立自主的权利。一个治理得当的人民，无须被人统治。

严格意义上的真正民主制从未存在，而且永远不会存在。多数人统治少数人违背自然秩序。人民不可能无休止地开会讨论公共事务。

一旦为此建立起各种机构，行政形式必然发生改变。

我认为可以提出这样一条原则：只要政府职能由多位执政者分掌，少数人终将掌握最大权力。仅仅为了处理事务方便，他们自然而然就会大权在握。

此外，民主制还需要许多难以具备的条件。首先，国家要很小，使人民易于集会，公民彼此熟识。其次，风尚要极其淳朴，避免复杂事务和棘手争议。再者，地位和财产要高度平等，否则权利和权威难以长期平等。最后，还要很少甚至没有奢侈，因为奢侈要么源于财富，要么催生对财富的需求。它会同时腐蚀富人和穷人，前者因占有欲，后者因贪婪之心。它使国家变得软弱虚荣，剥夺全体公民的自由，让他们彼此奴役，全体臣服于舆论。

这就是为何有位著名作家要将德行视为共和国的原则。① 因为没有德行，上述条件都无法维持。但这位天才也有疏漏，他没能做出必要区分，有时不够确切明晰。他也没看到，主权权威既然无处不在，所有体制良好的国家都应秉持相同原则，当然还要依政体形式而定。

还应补充：没有别的政府像民主政府那样易于发生内战和内乱。因为没有任何别的政府那样强烈而持续地倾向于改变自身形式，也没有任何别的政府需要以更大的警觉和勇气来维持自己的形式。正是在这种体制下，公民更应以力量和恒心武装自己，在内心铭记波兰议会中一位侯爵②所言："宁愿自由而危险，不愿安

---

① 孟德斯鸠：《论法的精神》第三卷第三章。
② 即波兰国王的父亲，洛林公爵，波兹南侯爵。

宁而受奴役"。

如果有一种由神明组成的人民,他们便可以用民主制来治理。但那样十全十美的政府是不适于人类的。

五、贵族制

在这里,我们面对两种截然不同的道德人格:政府与主权者。由此产生两种公意,一种针对全体公民,另一种仅针对行政机构成员。因此,尽管政府可以自行规划内部政策,但除非以主权者即人民本身的名义,政府绝不能号令人民。这一点必须永远铭记。

最初的社会采用贵族制治理。各家族首领共同讨论公共事务,年轻人毫不勉强地服从经验的权威,因此才有了长老、长者、元老、尊长等称谓。北美洲的野蛮人至今仍以这种方式自治，而且治理得非常好。

然而，随着制度造成的不平等凌驾于自然不平等之上，富裕或权力[①]开始比年龄更受重视，贵族制演变为选举制。最终，权力随财产世袭，形成世袭贵族，使政府成为世袭的。于是出现了二十岁的元老。

由此，便有三种贵族制：自然的、选举的与世袭的。第一种只适于质朴民族。第三种是所有政府中最坏的一种。第二种则是最好的，它才是严格意义上的贵族制。

第二种贵族制不仅具有区分两种权力的优点，还可选择自身成员。在人民政府中，全体

---

① 显而易见，古人所谓"optimate"（贵族）一词，并非指品德最为高尚者，而是指权势最为显赫者。

公民生来就是行政官,而贵族制将行政官限于少数人,他们只能通过选举成为行政官①。这种方法使正直、明智、经验等受人重视与尊敬的品质成为政治修明的新保证。

此外,集会更便于举行,事务讨论得更好,执行更有秩序、更迅速。可敬的元老比不知名或受人轻视的群众更能维持国家的对外威信。

总之,最好最自然的秩序是让最明智之人

---

① 至关重要的是,必须以法律来规定行政官的选举方式。倘若将其委诸君主的意愿,则其不可避免地会沦为世袭的贵族制,正如威尼斯共和国和伯尔尼共和国所曾出现的那般。威尼斯长期以来早已是一个解体的国家;而伯尔尼之所以得以维系,乃是由于其极其贤明的元老院,这一例外虽然光荣,却也充满危险。

治理群众，前提是他们真正为群众利益而非自身利益服务。绝不应徒劳无益地增设机构，不应用两万人做只需一百人便可做得更好的事。但必须指出，共同体利益在这里开始更少按照公意指导公共力量。同时，另一种不可避免的倾向会从法律夺走一部分执行力量。

就其特殊便利而言，国家不能太小，人民不能太简单率直，以致法律执行可以直接由公共意志决定，像好的民主制国家那样。同时，民族也不能太大，以免治国而分散的首领们在各自辖区割据主权，谋求独立而终于变成主人。

但是，如果说贵族制比人民政府不太需要某些德行，它却更需要另外一些为它本身所特有的德行，如富而有节、平而知足。因为彻底的平等在这里似乎不合时宜，就连斯巴达也不曾见到过。

此外，如果这种形式包含一定程度的财富不均，通常那仅仅是为了将公共事务管理托付给能全身心投入的人，而非如亚里士多德所言，让富人永远占据优势。相反，更重要的是，有时相反的选择会教导人们，品德比财富更值得敬重。

六、君主制

君主一直被视为法律力量的化身，代表着道德和集体意志，是国家行政权力的委托者。现在，让我们设想将这种权力集中于一个自然人，一个真实的个体，只有他才拥有依法行使的权力。这就是君主，也就是国王。

与其他由集体人格代表个人的行政机构

不同，君主制度恰恰相反，由个人代表集体人格。因此，构成君主的精神统一与肉体统一密不可分。其他制度下，法律竭力整合的各种能力，在君主制下自然地融为一体。

在这种制度下，人民的意志、君主的意志、国家的公共力量和政府的个别力量，都受同一驱动力支配，整个国家机器的力量掌控在君主手中，所有力量都朝着同一目标前进。这里不存在相互抵消的对立力量，很难想象还有什么体制能以更小的努力产生更大的效果。如同阿基米德安详地坐在岸边，毫不费力地牵引着水面上的大船，一位熟练的君主坐在内阁里治理广阔的国家，推动一切却显得安然不动。

然而，如果说没有任何政府比君主制更有活力，那么也没有任何政府的个人意志拥有更大的权力，更容易支配其他意志。一切力量都朝着同一目标迈进，但这个目标未必是公共福祉，甚至行政权力本身也可能不断损害国家利益。

国王总想成为专制君主，人们劝诫他：成为一个受人爱戴的绝对君主是最好的方法。这条准则虽然美好，在某些方面甚至非常真实，但在宫廷里却常常遭到嘲弄。受人民爱戴而获得的权力无疑是最大的，但它不稳定，有附加条件，君主们永不满足。即便是最好的国王，也想为所欲为，同时又不失君主身份。政治学家告诉国王，人民的力量就是国王的力量，国王最大的利益在于人民繁荣富强。然而，国王心知肚明，这些都不是真话。国王的私利首先要求人民软弱贫穷，永远无法反抗。我承认，假如臣民永远服从，那么君主的利益也需要人民强大，因为这种力量归他所有，可以威慑邻国。但由于这种利益次要、从属，且两种假设不相容，君主自然会偏爱对自己最直接有利的准则。这就是撒母耳对希伯来人强调的，也是马基雅维利向我们证实的。马基雅维利自称给君主讲课，实则是在给人民上大课。《君主论》是共和主义者的教科书①。一般而言，君主制只适合大国。从君主制本身来看，我们也能得出

---

① 马基雅维利是一位正直善良的公民，但由于依附于梅狄奇家族，他不得不在举国遭受压迫之际将自己对自由的热爱深藏于心。他选择了一位如此可憎的主人公，这件事本身就充分揭示了他的潜在意图。《君主论》一书中的准则与其《论李维》和《佛罗伦萨史》两部著作相互矛盾，这也表明了这位深邃的政治思想家的读者至今仍然是一些浅薄或堕落之人。罗马教廷曾严厉禁止此书，我对此深信不疑，因为这本书最为鲜明地描绘的，正是罗马教廷的真实面目。

相同结论。公共管理机构人数越多,君主与臣民的比例就越小,越接近平等。民主制下,这个比例等于一,即完全平等。随着政府权力集中,这一比例增大。当政府权力集中在一个人手中时,比例达到最大值。此时,君主与人民之间的距离过大,国家缺乏联系。为建立联系,必须有许多中间等级,需要王公、大臣和贵族来填补。然而,这一切都不适合小国,这些等级会毁掉小国。治理大国很困难,由一个人治理则更加困难。众所周知,由国王指定代理人会产生何种后果。

君主制政府永远不如共和制,因为它有一个根本且不可避免的缺陷:在共和制中,公众舆论通常只会将英明能干的人提拔到重要职位,他们会出色地履行职责;相反,君主制下,侥幸得势的往往是卑鄙的诽谤者、骗子和阴谋家，让他们爬上高位的小聪明，一旦得逞，就只能向公众暴露他们的无能。人民犯错的机率比君主要小。一个真正有才能的人能出任大臣，几乎就像一个傻瓜能成为共和政府首脑一样罕见。因此，如果由于某种幸运的机缘，一个天生治国的人物居然在一个几乎被一群矫揉造作的执政者们弄得举国陆沉的君主制里执掌国政，他所发挥的才能必定令人惊叹，这将为那个国家开辟崭新的时代。

君主制国家要治理得好，它的大小或面积必须与统治者的能力相适应。征服一个国家比治理一个国家容易得多。有一根足够长的杠杆，人们只需用一个手指便能撼动整个世界；但要担负起整个世界，却需要赫拉克勒斯的肩膀。无论一个国家多么小，对它而言，君主几乎总是太渺小。反之，如果真的出现了极其罕见的情形，国家对于首领来说竟然太小，那时国家也治理不好。因为首领总是追求自己的雄图大略，忘记了人民的利益。他滥用过多的才干给人民带来的不幸，并不亚于一个能力有限的君主由于缺乏才干给人民造成的不幸。可以说，一个王国的每一朝代都必须根据君主的能力来扩张或收缩；而一个元老院的才干则相对稳定，国家因此可以有固定的疆界，行政也不会太坏。

个人专制政府最显著的不便就是缺乏连续不断的继承性，而这在其他两种制度下却构成永不间断的联系。一个国王逝世，就需要另一个国王。选举造成了危险的间断期，那是狂风暴雨般的。除非公民们能够大公无私、团结一致（而这在君主制下几乎不可能），否则阴谋与舞弊必然插手其中。把国家收买到手的人到头来不出卖国家，不从弱者身上捞回自己以前被强者敲诈的钱，是难得的事。在君主制下，迟早一切都会沦为金钱交易，而人们在国王治下所享受的和平比起空位时期的混乱更加糟糕。

人们为了防止这些弊病，便使王位固定由某些家族世袭，并规定了继承顺序，以预防国王逝世时的纠纷。也就是说，人们以临朝当政的种种不便来代替选举的不便，宁愿要表面的太平而不愿要贤明的行政。他们宁愿冒着由婴儿、怪人或傻瓜当首领的危险，也不愿为了选择好国王而发生纠纷。他们却没有考虑到，在面临这种两者择一的危险时，他们几乎是使一切机会都对自己不利。小丹尼斯的父亲谴责他一桩可耻的行为时说："我给你做过这种榜样吗？"儿子回答："啊，但你的父亲可不是国王啊。"小丹尼斯的这句话很有道理。

　　一个人上升到可以号令别人的地位时,一切都来竞相剥夺他的正义感和理性。据说人们曾煞费苦心地要把统治的艺术教给年轻的君主,但这种教育似乎并没有使他们受益。不如先着手教给他们服从的艺术吧!历史上那些最伟大的国王所受的教养,绝不是为了进行统治。统治是一门科学:人们学得太多反而掌握得最少,但在只知服从而不知号令时,就会收获最多。"因为辨别好坏最有效也最简捷的方法,就是想一想自己愿意要什么,不愿要什么,假如做国王的不是自己而是另一个人。"①

　　皇室政府缺乏连贯性,导致其变化无常。皇室政府时而规定这种计划,时而规定那种计

---

①　塔西佗:《编年史》第一卷第三十三章。

划，全视统治者或其代理人的性格而定，因此无法长期有一个固定目标和一贯行动。这种变化多端使国家永远动荡不定，从一种准则转到另一种，从一种政策转到另一种。而在其他政府下，由于君主永远是同一个，这种变化就不会发生。于是我们可以看出，一般说来，如果宫廷中有更多阴谋诡计，那么元老院中就有更多智慧，共和国以更稳定且更好遵循的观点朝着目标前进，绝不会因内阁的一次革命而引起国家的一次革命。因为几乎所有国王和大臣共有的准则，就是在一切事情上都采取与前任相反的措施。

王权派政论家常以国家政治比附家政，以君主比附家长，这种谬误已经被我们驳斥。他们还任意赋予这位行政官以种种他所必须具备的德行，总是假定君主就是他应当是的样子。

靠着这种假定，皇室政府显然要比其他一切政府更可取，因为它无可辩驳地是最强而有力的政府。而且如果不是由于缺少一个更能符合公意的团体意志，它还会是最好的政府。

然而，即便如柏拉图①所言，天性上的明君乃凤毛麟角，天赋与机缘兼备者更是万中无一。倘若帝王教育注定败坏学子，那么对于历代为治国而培养的继承人，我们还能抱有何种期许？因此，将君主制等同于圣君之治，不过是一厢情愿的幻想。要洞察这种政体的本质，就必须正视昏君无道之下的悲惨现实。因为这些君主要么生来如此，要么在位期间堕落腐化。

我们的作者们对上述困境并非视而不见，

---

① 柏拉图：《政治家篇》。

但他们却轻描淡写地一笔带过。他们声称，解决之道在于无条件地顺从。他们宣称，恶君乃上天降下的惩戒，人民必须忍受，视为神谕。这番言论确实发人深省，但与其置于政治著作中，似乎更适合刻在神坛上。一个医生若只晓得劝病人忍耐，却许诺创造奇迹，我们会作何评价？显而易见，面对一个坏政府，我们别无选择，只能忍受。但问题的关键在于，如何才能建立一个好政府。

七、混合政府

严格来说，不存在单一的政府。即使是一个独裁者也必须有下属官员，而一个民主政府也必须有一个领导人。因此，在行政权力的分配上，总会有由多到少的层级。区别在于，有时多数服从于少数，有时少数服从于多数。

有时这种权力分配是均等的，无论各组成部分是相互依存，像英国政府那样，还是各部分权威独立但不完整，像波兰那样。后一种形式是有缺陷的，因为它导致政府缺乏统一性，国家缺乏凝聚力。到底是单一政府好，还是混合政府好？这是政论家们激烈争论的问题。对此，必须做出像我在论述各种不同政体时得出的相同答案。

集权政府本身是最优的，只因为它是集中的。但当行政权力没有充分服从于立法权力，也就是说当君主对人民的权力比率大于人民对君主的权力比率时，就必须对政府进行分权以平衡这种比例失调。因为这样一来，政府各部门对百姓的权威并未减少，而它们的分权又使得它们合在一起也不如主权者强大有力。

人们还可设立各种中间行政机构以防止这种弊端，这些机构并不妨碍政府的完整，而只是起到平衡上述两种权力、维护各自权利的作用。这时的政府并非混合，而是有制衡的。

人们还可用一些类似方法来补救与此相反的弊端：当政府过于松散时，就可以设立一些委员会使之集权化，这正是所有民主制国家的做法。在前一种情形下，人们分割政府是为了削弱政府；而在后一种情形下，则是为了强化政府。因为权力的极端集中与极端分散同样都出现在单一政府之下，反之，混合形式则产生适中的力量。

八、没有一种政体适宜所有国家

自由不是在所有环境下都能生长的，因此

并非所有民族都能实现自由。深入理解孟德斯鸠①的原则，我们能够更加确认其真实性。每当这一原则遭到质疑，人们总能找到新的证据来支持它。

在世界上的各种政府中，政府机构本身只有消费没有生产。那么，政府的消费来源于何处呢？答案是其民众的劳动。个人的劳动剩余满足了公共的需求。这表明，只有当个人的劳动产出超过其个人需求时，政治体制才能得以维持。

不同国家的物质剩余程度各不相同，在一些国家可能相对较多，而在其他国家可能微不足道，甚至是负的。这种差异受到多种因素的影响，包括气候条件、土地耕作的劳动类型、

---

① 孟德斯鸠：《论法的精神》第十四卷。

资源特性、居民的体力以及他们的基本消费需求等。

政府形式的不同，意味着它们对资源的需求不同。此外，公共税收的效率原则指出，税收的来源距离使用者越远，其负担就越重。评估税收负担不仅要看税额的多少，还要看税金返回纳税人手中需要经历的过程。如果税收系统高效简洁，无论税收金额如何，人民都能保持富裕，财政状况也会健康。相反，如果税收一旦离开民众就无法回流，即使税收很少，人民也会因为不断的税收而逐渐贫困，从而导致国家的长期贫穷和民众的持续贫困。

由此可见，政府与人民之间的距离越大，税负越重。在民主制度下，民众的负担最轻；在贵族制度下，负担较重；在君主制度下，负担最重。因此，君主制适合资源丰富的国家，贵族制适合资源和领土适中的国家，民主制适合资源较少的小国。

实际上，越是深入思考，我们越能认识到自由国家与君主制国家的区别。在自由国家，一切都致力于公共利益，而在君主制国家，公共力量与个人力量呈反比，一个的增强意味着另一个的削弱。总的来说，专制统治的目的并非为了民众的幸福，而是为了让他们陷入贫困和痛苦，以便于控制。

在不同的气候条件下，自然因素的作用多样。我们可以根据这些因素来确定最适合的政府形式，因为政府的形式受到气候影响的制约。我们甚至可以预测该地区居民的特定特征。

在贫瘠的土地上，若劳动产出不足以覆盖成本，该土地应当被放任自然或仅适合野蛮部落居住。在人们勉强维持生计的地方，适宜原始部落的生活方式，因为那里尚不宜发展文明社会。在劳动产出略有盈余的地区，自由民族可以定居生活。而在土地肥沃、耕作容易且产量高的地区，则适宜实行君主制，通过君主的奢侈消费来吸收民众的过剩产出，这比个人挥霍更为合理。虽有一些例外情况，但它们最终都会通过革命等方式恢复自然秩序，从而验证了这一规律。

我们必须明确区分普遍原则和特殊情况。特殊情况仅影响普遍原则的具体表现。尽管南方多为共和制，北方多为专制，但是，由于气候的影响，专制政体更适合炎热地区，野蛮状态更适合寒冷地区，而温带地区则更适宜良好的政治制度。尽管这一原则被广泛接受，应用时仍有争议，例如有人指出寒冷地区也有肥沃土地，南方也有贫瘠之处。这种困惑源于对事物考虑不全面，我们还需考量劳动、体力和消费等比例。

设想两块产量不同的土地，一块产量为五，另一块为十。如果前者居民的消费量为四，后者为九，那么前者的剩余比例为五分之一，后者为十分之一，剩余比例与产量成反比。因此，产量较低的土地实际上剩余更多。

然而，这并不仅仅是产量翻倍的问题，我也不认为有人会普遍认为寒冷地区与炎热地区的富饶程度相同。假设它们相等，让我们比较一下英国与西西里，波兰与埃及。再往南是非洲和印度群岛，再往北几乎是一片空白。为了让这些地区的产量相当，耕作方式需要多么不同！在西西里，轻松翻土就足够了；而在英国，则需要付出更多细致的劳动。因此，在需要更多人力才能获得同样产量的地区,剩余的产出必然更少。

　　此外,我们还应该注意到,在炎热地区,相同数量的人消耗的资源要少得多。这里的气候使得人们为保持健康需要节制食欲。如果欧洲人依旧按照自己的生活方式在这里生活,将会因痢疾和消化不良而病倒。沙尔丹评论说:"和亚洲人相比,我们就像食肉的野兽,豺狼一样。有人认为波斯人吃得少是因为他们的耕作不足,但我认为正相反,他们的粮食产量不高是因为居民的需求少。"他还说:"如果他们节食是因为粮食短缺,那么贫困人口应该吃得更少,而不是全民普遍吃得少。各地的食量应根据土地的肥沃程度有所不同,而不是全国统一吃得少。波斯人为他们的生活方式感到自豪,他们会说,从肤色就能看出他们的生活方式优于基督徒。"的确，波斯人肤色均匀，皮肤细腻有光泽。相比之下，那些过着欧洲式生活的亚美尼亚人，面色粗糙多斑，体态肥胖且笨拙。

随着地理位置越接近赤道，当地人的日常需求逐渐减少，他们主食以植物性食品为主，如大米、玉米、高粱、小米和木薯粉。印度群岛尽管人口众多，但每天的食物消费成本极低。同样，在欧洲，北方与南方居民在食量上也存在显著差异，例如一个德国人的一顿晚餐量可能相当于一个西班牙人一周的食量。此外，人们的奢侈消费在不同国家表现不同，英国以肉食丰富的餐桌而闻名，而意大利则以精美的糖果和鲜花装点其宴会。

衣着奢华的差异也是显而易见的。在季节变化剧烈的气候中，人们着装注重实用性。而在气候温暖的地区，人们追求的是服装的华丽，而非舒适度，衣服成了一种显示奢侈的方式。例如在那不勒斯，你可以每天看到许多人在波西里普山上穿着华丽的外衣却不穿内衣地闲逛。

住房也体现了相似的区别。在不必担心气候影响健康的地区，人们更倾向于追求房屋的豪华。在巴黎和伦敦，人们追求的是温暖舒适的居住环境。而在马德里，虽然客厅装潢精美，却常常缺乏紧闭的窗户，人们居住在像老鼠洞般狭小的房间。

在炎热的地区，食物通常更为丰盛多汁，这是第三个显著的区别，并且这种差异也自然影响了上述的住房风格。为什么意大利人会食用大量的蔬菜？因为当地的蔬菜质量高，营养丰富且美味。相比之下，在法国，尽管蔬菜用清新的泉水灌溉，但其营养价值较低，在宴会中也不被重视。然而，种植蔬菜仍然占用土地并需要细心培育，这是不可否认的。实际上，虽然巴巴里的小麦质量不如法国的，但产量较高。而法国的小麦又优于北方的产出。从赤道到北极，各地的粮食产出都有所不同，这无疑显示了一种差异。

除了以上的考虑，还有一个由此衍生并可进一步加强的论点：炎热的国家比寒冷的国家所需的居民更少，却能养活更多的人口，从而形成了有利于专制政权的"双重剩余"。居民越少且分散的地区，发起反抗更加困难，因为他们难以快速、秘密地协调行动，政府则可以轻易发现并阻断叛乱。相反，人口密集的国家，政府更难控制权力。领导人在密室中的策划，就像君主在内阁会议中一样安全；而人民在广场的集结，就像军队在营房中集合一样迅速。因此，专制政权的优势在于其能在广阔的范围内行动。通过其建立的各个支点，专制政权的力量如同杠杆一样[1]，随距离的增长而增强。政府分散的成员成为其远距离对付人民的支点，但其却无任何支点可直接对付这些成员本身。因此，一方面，杠杆过长造成政府的软弱；另一方面，这却又构成政府的力量。相反，人民的力量只有在集中时才能有效；一旦分散，其力量便会逐渐消散，就像撒在地上的火药，无法形成强大的爆炸力。因此，人口稀少的国家更适宜于专制统治，就如同只有在广

---

[1] 这与我在前面卷二第九章论大国之弊时所言并不矛盾。前文谈的是政府对其成员的权威，而此处谈的则是政府抗衡臣民的力量。

阔的荒野中，凶猛的野兽才能称霸。

九、好政府的标志

如果有人绝对地询问哪种政府形式最优秀，实际上他们提出的是一个无法明确回答的问题。因为对于"最优政府形式"的问题，可能的答案与各民族的特定情况和相对地位的不同组合一样多。但如果问题转变为如何判定一个国家的治理是否良好，那我们就进入了一个可以具体讨论和解答的领域。

但人们从未真正解决过这个问题，因为每一方都想按自己的方式来回答。臣民崇尚公共安宁，公民重视个人自由。一些人希望财产有保障，另一些人则更看重人身安全。有人认为最好的政府应当最为严厉，也有人主张最为温和。前者要惩治罪犯，后者要预防犯罪。一方满意于令四邻畏惧，另一方宁愿被四邻忽视。有人欢迎金钱流通，有人则希望人民温饱。即便在这些问题上达成共识，我们是否就更进一步了呢？道德领域缺乏精确的衡量标准，所以纵使对评判标准意见一致，在具体评估时又如何取得共识呢？

而我总是感到惊讶，人们竟然没有认识到一个如此简单明了的标志，或者说对此缺乏信心而不愿承认。政治结合的目的是什么？是为了成员的生存和繁荣。而衡量生存和繁荣最确切可靠的指标是什么？就是人口数量。因此，不必另寻这个争议不休的评判标准了！假设其他条件都相同，一个不依靠外来移民、归化或殖民地，而在其治理下公民人数增长最多的政府，无疑就是最好的政府。反之，人口减少凋零的政府，就是最差的政府。统计学家们，现在轮到你们出场了：计算、衡量、比较吧。①

---

① 我们应当依照同一原则来判断，就人类繁荣而言，哪些世纪最值得赞许。我们过于赞美那些文艺繁荣的时代，却未深究这些文明的隐蔽目的，未考虑其不幸影响："愚人称之为人道，其实那已是奴役的开端。"（塔西佗《阿格里科拉》第三十一篇）难道我们从书中的嘉言里，看不出促使作者发言的庸俗利益吗？无论他们如何言说，一个国家尽管威名显赫，但只要人口减少，就绝非真正一切都好。一个诗人年金十万镑，并不足以证明他所处时代就是最美好的。我们应少注意表面的安逸和首领的从容，而更多关注整个民族的幸福，尤其在人口最多的国家。冰雹可毁坏若干州县，却极少造成饥馑。骚动和内战虽大大吓坏首领，却不会给人民带来真正不幸。当人们争论谁来虐待人民时，人民甚至还能松口气。唯有人民的常态，才会产生真正的繁荣或灾难。唯有当全体在羁轭下被压垮时，一切才会毁灭。唯有

十、政府的滥用职权及其蜕化倾向

个别意志经常与公共意志发生冲突,政府也不断尝试压制主权。这种对抗的强度越大,体制的变革就越深刻。由于缺乏其他集体意志来抗衡君主的意志,君主最终可能会超越主权

(接上页)此时,首领才能任意摧残人民,"当他们把国土变为废墟时,便说和平降临了"(塔西佗《阿格里科拉》第三十一篇)。当权贵纷争激荡法兰西时,当巴黎副主教怀匕首出席议会时,这些并未妨碍法国人民享受真正自由安逸的幸福并繁衍人口。昔日希腊在最残酷的战争中繁盛,血流成河,然而国土上仍人丁兴旺。马基雅维利曾言,我们的共和国似乎正是在暗杀、流放与内战中强大起来;公民的德行、风尚与独立性强国的作用,超过一切争端削弱国家的影响;适度的震荡反而使人心富于活力,真正使种族繁盛的,与其说是和平,不如说是自由。

者，破坏社会契约。这是一种内在的、不可避免的问题，它自政治体系成立之日起就开始逐渐侵蚀政体，如同衰老和死亡最终侵蚀人类一样。

政府的堕落通常通过两种方式发生：政府权力的减弱或国家的解体。政府权力的缩减往往是从民主制向贵族制，再从贵族制向君主制的过渡。这种向更集中的权力结构过渡是政府的自然趋势①。如果政府从少数派权力回归至多

---

① 威尼斯共和国在其海湾中缓慢形成与发展的过程，提供了一个显著的例证。一千二百多年来，威尼斯人似乎仍停留在1198年西拉尔·康塞里奥开始的第二阶段，令人惊叹。至于人们所责难的古代大公们，无论《威尼斯自由论》如何论述，大公们绝非威尼斯的主权者，这一点已经得到证明。

有人或许会以罗马共和国为例反驳我，认为罗马经历了一个完全相反的历程，由君主制过渡

（接上页）到贵族制，再由贵族制过渡到民主制。但我的看法与此大不相同。

罗穆鲁斯最初建立的是一个混合政体，但它迅速蜕化为专制政体。由于特殊原因，这个国家过早夭折，正如我们看到新生儿未成年便死去。塔克文王朝被驱逐，才是共和国真正诞生之时。然而，罗马共和国起初并未采取稳定形式，因为罗马人只完成了工作的一半，并未消灭贵族。合法行政制度中最坏的制度，即世袭贵族制，就此与民主制持续冲突。因此，政府形式也一直变动不定，正如马基雅维利所证明的，直到设立保民官才稳定下来。此时才有了真正的政府和民主制。事实上，人民不仅是主权者，也是行政官和司法官。元老院只是一个低级别的执政会议，用以缓冲或集中政府权力。而执政官本人，尽管是贵族、首席行政官、战时绝对统帅，在罗马也不过是人民的主席而已。

从此以后，我们看到罗马政府循着其自然倾向强烈地趋于贵族制。贵族似乎自我消亡，于是贵族制不再存在于贵族共同体内，如同威尼斯和数派，这表明其放宽了控制，但这种逆流很少发生。

一般来说，除非政府力量衰弱到无法维持现状，否则它不会主动改变形式。如果在扩张的同时政府放松权力，其力量将迅速耗尽，使得政府更难维持存在。因此，政府必须在力量消耗的同时进行补充和调整，否则国家将面临

（接上页）热那亚，而是存在于由贵族和平民组成的元老院共同体内，甚至当保民官开始篡夺主动权力时，存在于保民官共同体内。因为名称与事物无关，当人民有了为他们统治的首领时，无论这些首领头衔为何，总归是一种贵族制。

贵族滥用职权导致了内战和三头政治。苏拉、尤利乌斯·恺撒、奥古斯都事实上已成为真正的国王。最终，在提贝留乌斯的专制下，国家解体。因此，罗马历史非但没有驳斥我的原则，反而证实了它。

崩溃的风险。

国家解体可以通过两种方式发生。首先是君主不再依法治国,篡夺了主权。这种情况下,国家不是在缩小,而是在分崩离析。也就是说,原本的国家解体了,而在其内部形成了一个新的国家,这个国家只由政府成员组成,对其他人来说,这些政府成员不过是他们的统治者和暴君。因此,从政府篡夺主权的那一刻起,社会契约就被破坏了。这时,每个普通公民都自然重获自由,他们的服从不再是义务,而是被迫的。

当政府成员各自篡夺本应由集体行使的权力时,也会出现类似的情形。这同样是违法行为,会造成更大的混乱。在这种情况下,可以说政府的每一个成员都成了一个君主。国家的分裂程度不亚于政府本身,最终要么灭亡,要么变革。

当国家解体时,政府无论以何种形式滥用职权,都被称为无政府状态。与此相对的是,民主制退化为暴民统治,贵族制退化为寡头统治。此外,君主制退化为专制统治,但"专制"一词含义较为模糊,需要进一步阐明。

一般而言,暴君指的是那些践踏正义、无视法律、依靠暴力统治的国王。但严格定义下,暴君是指篡夺了王权却无权享有王权的人。在希腊语中,"暴君"一词本就指的是任何非法的统治者①,不论其行为好坏。暴君和篡

---

① "凡是在一个习惯于自由的国家里永远掌权的人,就会被人称为暴君。"(尼波斯《米提阿底斯传》第八章)诚然,亚里士多德在《尼各马可伦理学》第八卷第十章中区分了暴君与国王:前者为一己之利而统治,后者却只为臣民利益而统治。

位者实际上是同义词。

为了区分不同情况,我将王权的篡夺者称为暴君,将主权的篡夺者称为专制君主。暴君是那些违法干预政权却依法统治的人;而专制君主则是把自己置于法律之上的人。因此,暴君不一定是专制君主,但专制君主始终是暴君。

十一、政治实体的消亡

即使是最完善的政府,也无法避免走向衰败和灭亡的自然规律。历史上的强国如斯巴

(接上页)但几乎所有希腊作家都在另一种意义上使用"暴君"一词,尤其是色诺芬笔下的希罗。此外,从亚里士多德的区分还可推断,自开天辟地以来,真正的国王恐怕还未曾出现过。

达和罗马都曾陨落，没有任何国家可以永远存在。因此，建立一个持久的政治制度时，应避免幻想其永恒不变。追求成功应基于现实，避免追求超越人类限制的永久性。

政治实体与人类生命一样，从成立之初就含有自我毁灭的种子。不过，无论是人体还是政治组织，其寿命的长短依赖于其组织的强弱。人体是自然的产物，而国家则是人为构建的。虽然人不能决定自己的寿命，但可以通过优化组织结构来尽可能延长国家的生命周期。即便是组织最完善的国家最终也会消亡，只是相对其他国家来说可能较为迟缓，除非遭遇突发事件提前结束其存在。

政治生命的核心在于主权的权威。立法权是国家的核心，行政权则如同国家的大脑，控制着各部门的运行。大脑可能停止功能，但人还能存活；然而一旦心脏停止跳动，生命即刻结束。

国家的存续不仅仅依赖于法律本身，更依赖于立法权的有效行使。尽管旧法可能不再适用于当前，但如果主权者没有明确废止，这些法律依然被视为有效。主权者一旦宣布的意图，除非明确撤销，否则始终有效。

人们为何如此尊重古老的法律？正是出于这个原因。人们愿意相信，唯有古代意志的卓越性才能使这些法律流传至今。如果主权者认为这些法律无益，他早就废除它们千百次了。这就是为什么在一切制度完善的国家，法律非但没有被削弱，反而不断获得新的力量。古老的先例使法律日益受人尊重。相反，在法律越陈旧就越衰弱的地方，则证明立法权已不复存在，国家也失去了生命力。

十二、如何维系主权权威

主权者除立法权外别无他力,唯能依法而行。而法律不过是公意的正式表达,故唯有民众集合之时,主权者方能行动。或曰:集众于一堂,妄想耳!今日虽妄,二千年前却非妄言。难道人性已然改变?

精神事物之可能界限,并非我们所想象的那般狭隘。正是我们的软弱、罪过与偏见,将其束缚。卑鄙之灵魂不信伟人,下贱之奴隶讥讽自由之名。

让我们以既成之事,揣度可为之事。姑且不论古希腊诸共和国,在我看来,罗马共和国乃一伟大之国,罗马城乃一伟大之都。末次人口普查显示,罗马拥有武装公民四十万,全帝国公民逾四百万,更遑论属民、外邦人、妇孺与奴隶。

我们不难想象，召集首都及周边如此众多民众，是何等艰难！然罗马人民鲜有连续数周不集会，且往往一集多次。罗马人民不仅行使主权权利，亦参与部分政务。他们处理事务，审判案件，公众集会之上，时而为官，时而为民。

追溯民族早史，我们会发现，大多古代政府，即便如马其顿人和法兰克人的君主制，亦曾有类似集会。无论如何，此一无可辩驳之事实，足以回应所有难题。以现实推论可能，我以为此乃上策。

十三、如何维系主权权威（续）

一旦人民集会批准法律，国家体制既定。

然尚不足也。他们已建立永久性政府，或提供选举官员之法。亦尚不足也。除去特殊集会应对意外情况，他们还须有定期、不可取消或延期之会议，于既定日期，人民便能依法集会，无须另行召集。

但除此类法定常会外，其他一切民众集会，凡非由负责官员依法召集者，皆应视为非法，其决议亦应无效。因召集会议之命令本身，就应符合法律。

至于合法集会之频率，则需多方考量，难以确切规定。我们只能泛泛而言，政府愈强，主权者就愈应频繁亮相。

或有人问，此法适于单一城邦，但如国家包含多城，又当如何？是分割主权，还是集中于一城，令其他城市臣服？

我答曰：不宜用此二法。首先，主权唯一

不可分，分之即毁之。其次，一城如一国，不能合法地隶属他城。因政治实体之本质在于服从与自由之一致，而臣民与主权者乃同一意义之相关语，二者结合为公民之称。

我还要说，将多城结合为一城邦，终非良策。企图如此，亦难避种种天然之弊端。绝不可借大国之滥权，反对小国之主张。然小国又如何能有足够之力，抵御大国？当如昔日希腊城邦抗大王，如近世荷兰瑞士御奥地利王朝。

然而，如不能将国家缩至恰当疆界，尚有他法，即不设首都，轮流于各城设政府，依次召开全国大会。

平均分布人口于领土，普及权利于各地，使富足生命遍及全境。唯此，国家方能既尽可能强大有力，又尽可能治理得当。请记住：城市高墙厚壁，不过乡间断井颓垣之积聚。每当我见都城兴建宫殿，便仿佛看到国土化为废墟。

十四、如何维系主权权威（续）

当人民合法集会，化身为主权共同体之刻，政府所有权力便戛然而止。行政权随之中断，最卑微公民与最高级官员身份同样神圣不可侵犯，因为当被代表者出现，代表便不复存在。罗马人民大会之骚乱，多因不知或忽视此规则所致。此时，执政官不过是人民主席，保民官仅为议长①，元老院毫无地位可言。

---

① 这个词的意义与英国议会中使用的相似。即使在权力完全中断的情况下，这种职能上的相似性仍会导致执政官与保民官之间的冲突。

在权力中断期间,君主须认可,或理应认可一个在上者,这对他而言总是可怕的。而人民集会作为政治共同体之保护与政府之约束,历来为统治者所惧。故他们总是竭尽心机、百般阻挠、刁难重重、虚言恫吓,力图抗拒公民集会。倘若公民贪婪、懦弱、畏缩,更爱安逸胜过自由,便难以长期抵御政府之反复施压。反抗之力日益式微,主权权威终将消亡,大多城邦亦难免过早覆灭。

然而,在主权权威与专制政府之间,有时会出现一种中间力量,这便是下文将要谈及的。

十五、议员或代表

一旦公共服务不再是公民首要职责,一

旦公民宁愿掏钱也不愿亲力亲为，国家便濒临毁灭。需要征战？他们雇佣兵丁，自己安坐家中。需要议会？他们选举议员，自己安坐家中。因懒惰和金钱，他们终于雇来军人奴役祖国，选出代表出卖祖国。

正是由于商贾喧嚣、唯利是图、柔弱贪享，人身服务才被金钱取代。人们拿出部分收益，为的是更安逸地增加收益。掏钱吧，不久你便会套上枷锁。钱财一词乃奴隶之语，自由城邦不识此言。在真正自由的国度，一切皆由公民亲力亲为，无事假手于钱。他们不花钱逃避义务，而是花钱亲身履行义务。我的观点与世人大相径庭：我认为劳役较之赋税更加自由。

国家体制愈良善，公民心中公共事务愈重于私人事务。私事甚至会大为减少，因公共幸福已构成很大一部分个人幸福，个人很少还需费心追求。在政绩卓著的城邦，人人奔赴大会。而在劣政之下，无人愿迈步前往，因人们对会上之事毫无兴趣，预料公意难占上风，加之家务缠身。良法孕育更良善法律，恶法导致更恶劣法律。一旦有人谈及国事时说："这与我何干？"我们便可断言国将不国。

爱国之心渐熄、私利活动频仍、国家臃肿庞大、征服扩张、政府滥权，这些都让我们得以想象国家议会中人民议员或代表的来历。他们在某些国家被公然称为第三等级，竟将两个等级的特殊利益置于首位，而公共利益却屈居第三。

如主权不可转让，主权同理亦不可代表。主权本质乃由公意构成，而意志绝不可代表，要么是同一意志，要么是另一意志，绝无中间。因此，人民议员并非，亦不可能是人民代表，他们不过是人民办事员，无权做出任何肯定决定。凡未经人民亲自批准之法律皆属无效，根本不成其为法律。自诩为自由的英国人大错特错，唯有在选举议员期间才算得上自由，一旦议员当选，他们便成为奴隶，化为乌有。在短暂自由时刻里，他们运用自由的方式，确实值得他们丧失自由。

代表的观念源自近代，源自封建政府，源自那使人类蒙羞、"人"之名号丧尽尊严的罪恶荒谬制度。在古代共和国，乃至古代君主国，人民从未有过代表，甚至不知此词。在罗马，保民官地位神圣，人们从未想象他们会篡夺人民职权，在广大人群中，他们亦从未试图对其领袖地位进行全民投票。这一点显得极为独特。然而，根据革拉古时代所发生之事，即一部分公民竟从屋顶投票,可见人多势众有时会造成诸多麻烦。

在权利与自由至高无上之地,不便无足挂齿。明智的人民以恰当措施安排一切,让仆役去做保民官不敢做之事,无须担心仆役会僭越代表。

然而,要说明保民官如何有时代表人民,我们只需想象政府如何代表主权者即可。

法律既为公意之宣示,在立法权上,人民自然不能为他人所代表。然而在行政权上,人民却可以且应当受到代表,盖行政权不过是将力量运用于法律而已。由此观之,经细致考察,鲜有民族真正享有法律。无论如何,可以断言,保民官既不具任何行政权,便永不能以其职权代表罗马人民,除非他们篡夺了元老院之权。

在古希腊，凡人民所需行之事，皆由人民自行为之。他们时常集会于广场。他们生活在温和的气候中，从不贪求。奴隶替他们劳作。他们唯一的大事，就是自身的自由。然而，如今这般便利已不复存在，又如何能维系同等权利？你们所处的严酷气候，带来更多需求。① 公共场所一年之中有半年无法久留。你们含混不清的言语难以在露天场合被听清。你们更关注自身收入甚于自由，对贫困的恐惧甚于被奴役。

难道自由只能依靠奴役才得以维系？也许如此。两个极端在此交汇。凡不存在于自然界之物，必有其弊端，文明社会尤甚。诚然有此

---

① 在寒冷的国度效仿东方人的奢侈与柔靡，无异于自己戴上枷锁。我们比他们更容易屈服于这二者。

不幸情形：人们唯有以他人自由为代价，方能保全自身自由。唯有奴隶极端为奴，公民方能完全自由。斯巴达即是如此。至于你们这些现代民族，虽无奴隶，却自身即为奴隶。你们以自身自由，换取他人自由。你们曾对此偏好大加夸耀，然而在我看来，其中怯懦多于人道。

我此言绝非主张非奴不可，更非认为奴役权合法，盖吾已证明恰恰相反。此处我只是阐明，何以自诩自由的现代民族须有代表，而古代民族却无代表。无论如何，一旦民族推举了自己的代表，他们便不再自由，他们的存在也随之终结。

经过详细考察，我认为除非城邦非常小，否则主权者将无法继续在我们中间行使权力。但如果城邦太小，是否容易被征服呢？事实并非如此！接下来我将解释，如何把一个大国的对外实力与一个小国的简洁制度及良序结合在一起。

十六、政府的创制绝非契约

立法权一旦确立,行政权也必须同样确立。因为行政权通过具体行为实施,本质上与立法权不同,因此自然与立法权分开。如果主权者同时拥有行政权,权力与事实将混淆不清,人们难以区分何为法律、何为非法。这种政治体很快就会沦为暴力的牺牲品,尽管其初衷是为了抵制暴力。

依据社会契约,所有公民都平等,因此全体可以决定全体应做之事,没有人有权要求他人做自己不愿做的事。这是政治体生存和运作的必要权利,也是主权者在创建政府时赋予君主的权利。

许多人认为,设立政府是人民与首领之间的一种契约,规定双方的条件,一方负责命令,另一方负责服从。但我相信,人们会认为这是一种不同寻常的契约方式。让我们看看这一观点是否成立。

首先,至高无上的权威既不能更改也不能转让。限制它就是摧毁它。主张主权者给自己设定一个上级是荒谬且自相矛盾的。让自己服从于主人,无异于重新获得完全自由。

其次,人民与某人之间的契约显然是个别行为。由此可见,这种契约既不是法律,也不是主权行为,因此是非法的。

再者,缔约双方只受制于自然法,彼此的协议没有任何保障,这在各方面都与政治状态相悖。掌权者永远是契约的执行主导,这无异于以契约的名义进行这样的行为，即一方对另一方说："我把所有的东西都给你，条件是你随心所欲地还给我。"

一个国家内只能有一个契约，即结社契约。这个契约本身就排斥了所有其他契约。我们无法想象任何其他的公共契约不会破坏最初的契约。

十七、政府的创制

那么，我们应该如何理解创建政府这一行为呢？首先，我要指出，这是一种由两部分组成的复合行为：制定法律和执行法律。

基于第一种行为，主权者决定按照某种方式建立政府共同体，这显然是一项法律行为。

基于第二种行为，人民选举领导人来管理

已经成立的政府。但这种选举仅仅是一种个别行为，并不构成新的法律，它只是前一个法律的结果，是政府的一种职能。问题在于，在政府形成之前，人民如何可能进行政府的行为。既然人民只能是主权者或臣民，在某些情况下，他们怎能成为君主或行政官呢？

正因如此，我们才得以发现政治体最令人惊异的特性之一：它能够协调表面上的矛盾。这是通过主权突然转变为民主制实现的。因此，在没有任何明显变化的情况下，仅通过全体与全体建立的新关系，公民就变成了行政官，从普遍的法律行为过渡到个别的执行行为。

如此关系上的转变并非空洞的理论，而是有实际案例支持的。在英国国会中，这种情况每天都在发生。在特定情况下，为了更好地讨论事务，下议院会变为全体委员会。前一刻它还是主权的象征，下一刻就转变为一个简单的委员会。因此，它必须以下议院的身份，向自己报告全体委员会的决策，并以另一个身份重新讨论自己之前已决定的事项。

这就是民主政府的一个固有优势，实际上它可以通过一次简单的公共行为就确立。之后，这个临时政府要么继续执政（如果这是其采取的形式），要么以主权者的名义确立一个法律规定的政府。这样，一切都符合规则。除此之外，没有其他合法方式可以创建政府，而不违背我们以上确立的原则。

十八、防止政府篡权的方法

由以上分析我们可以得出与第十六章相

同的结论：创建政府的行为并非契约，而是一种法律行为。行政权力的持有者不是人民的主人，而是人民的公仆。人民可以随时委任或撤换他们。对这些公仆来说，他们面对的不是契约关系，而是服从关系。在执行国家赋予的职责时，他们只是在履行公民义务，没有权利对条件进行讨价还价。

正因如此，当人民设立一个世袭政府，无论是世袭君主制还是世袭贵族制，那仅仅是人民赋予行政机构的一种暂时形式，直到人民选择改变为止。

的确，这种改变总是充满风险。因此，除非政府的存在已经与公共福祉不相容，否则不应轻易改变现有政府。然而，这种考虑仅是政治上的建议，而非法律上的强制要求。国家无需将政治权力永久交给首领，正如不必永久交给军事将领一样。

与此相同,人们在处理这类情形时,往往忽视了严格遵守必要的程序,这是为了区分正常合法的行动和叛乱骚动,区分全体人民的意愿和少数派系的喧嚣。在极端情况下,人们往往不得不接受在最严格的权利下无法拒绝的事物。正是利用这种义务,君主可以维护自己的权力而不顾民意,人们还不能说他篡夺了权力。因为君主看起来只是在行使自己的权利,很容易扩大这些权利,并以公共安全为借口禁止可能重建良序的集会。因此,他可以借助一种不可打破的沉默或他制造的异常状态,假设那些因恐惧而沉默的人支持他,并惩罚那些敢于发声的人。十人会议最初被选为一年任期,后来又延长了一年,最终不再允许人民集会,以期永远保持他们的权力。世界上所有的政府，一旦掌握了公共力量，迟早都会用这种方式来篡夺主权。

之前我提到的定期集会，特别是那些不需要正式召集程序的集会，对于防止或延缓不幸事件非常有用。若君主试图阻止这样的集会，他将无法避免被公开视为违反法律的人和国家的敌人。

这类集会的目的应当是维护社会契约，它们应始终从两个议案开始，这两个议案是不可撤销的，并且需要分别进行投票。

第一个议案是：主权者是否希望保留现有的政府形式？

第二个议案是：人民是否希望让目前的行政官员继续执政？

这里我所假设的是，我认为已经证明的一点：在一个国家中，没有任何根本法是不可废除的，连社会契约也不例外。如果所有公民一致同意废除这个契约，那么这个契约的废除就是完全合法的。格劳秀斯甚至认为，每个人都可以选择退出自己原本所属的国家，并且在离开国土时重新获得自己天然的自由和财产。①要是说聚集在一起的全体公民不能做到他们每个人单独能做的事，这显然是非常荒谬的。

---

① 当然，他的离去绝非为了逃避义务，也不是在祖国需要他之时避免为国效力。那种逃避是犯罪行为，理应受到惩处；那已不是退出，而是背叛。

卷四

一、公意是不可摧毁的

当一群人联合起来并视自己为一个整体时,他们将只有一个共同意志,涉及共同生存和公共幸福。在这种情况下,国家的力量旺盛而纯粹,其行动准则明确而光明。这里没有复杂交错、相互矛盾的利益,公共利益一目了然,任何有理智的人都能看清楚。和平、团结和平等是政治诡计的天敌。朴素诚实的人由于他们的单纯,很难被欺骗。对他们而言,诱惑和甜言蜜语无效,甚至他们缺乏足够的精明来扮演愚者的角色。当我们看到世界上最幸福的人民，那些农民在橡树下谋划国事，总是能够做出明智的决策，我们怎能不鄙视那些靠各种手段和虚假声望却痛苦不堪的国度？

如此管理的国家只需要很少的法律，而当需要制定新法律时，这种必要性通常早已被大家认识到。提出法律的人只是在表达大家的共识。让众人决定的事情成为法律，这既不涉及阴谋也无须雄辩，只需确认其他人也会按此行动即可。

理论家们之所以误解，是因为他们只看到了那些从一开始就存在问题的政治体制，以为这些国家无法维持这样的政治制度。他们喜欢想象一个狡猾的骗子或花言巧语的说客使用的花招，认为这些花招能够诱惑巴黎人或伦敦人。他们不知道，像克伦威尔这样的人会被伯尔尼人关进钟楼,波佛公爵也会受到日内瓦人的严格控制。

但是,当社会联系开始松动、国家力量开始削弱、个人利益开始显现并影响整个社会时,公共利益就会改变并出现对立。投票不再一致,公共意见也不再代表多数意见,矛盾和争论随之产生。这时,即便是最好的意见也无法无争议地通过。

最终,当国家濒临崩溃时,它只能以一种虚幻而空洞的形式存在,社会联系在人们心中已经崩解,最卑鄙的利益披着冒充公共幸福的神圣外衣。公共意见消失了,每个人都被私利驱动,不再以公民的身份发表意见,仿佛国家从未存在过似的。人们还冒用法律之名,通过那些只服务于个人利益的不公法令。

这样是否意味着公共意愿会消失或败坏

呢？不会，公共意愿永远是稳定的、不变的且纯粹的，但它可能会向压迫它的其他意志屈服。每个想要让自己的利益脱离公共利益的人都明白，他无法完全将两者分开。尽管如此，与他追求的独占性私利相比，他所承担的公共不幸似乎微不足道。但除了私利，为了自身的利益，他仍然会像其他人一样强烈地追求公共福利。甚至在为金钱出售选票时，他也并没有消除心中的公共意愿，只是回避了它。他的错误在于他改变了问题的本质，没有回答人们真正提出的问题。他的投票不是在表达"这对国家有利"，而是在说"支持这样或那样的意见，对某个人或某个政党有利"。因此，在集会中维护公共秩序的法则，不仅是为了维护公共意愿，更多的是要不断质疑公共意愿，并让它做出回应。

在主权的所有行为中,就投票这一权利而言,这是无论如何都不能被剥夺的公民的权利,我在这里有很多意见可以表达。此外,还有关于发言权、提案权、分议权、讨论权等,政府总是想尽办法保留给自己的成员。但这些重要的主题需要另写一篇论文详细讨论,我在本书中无法逐一说明。

二、投票

由上一章可知,处理公共事务的方式足以准确反映一个国家的道德风尚和政治体的健康状况。在大会中,人们越是能够达成共识,意见越是趋于一致,公意就越占主导地位。反之,冗长的争论、意见分歧和吵闹则预示着个人利益的抬头和国家的衰落。

当国家体制中存在两个或更多阶级时，例如罗马的贵族和平民，即使在共和国最繁荣的时期，他们的争执也经常扰乱人民大会。然而，这种例外往往只是表面现象，而非实质。因为此时由于政治共同体内在的缺陷，可以说一个国家内部存在着两个国家。虽然对这两者作为整体而言，上述观点并不完全准确，但对其中任何一方来说上述观点却是真实的。事实上，即使在最动荡的时代，只要元老院不干预，人民的投票总是平和有序，并按多数意见做出决定。公民们只有一种利益，人民也就只有一个意志。

但是，走向另一个极端也会出现一致：当所有公民都沦为奴隶，不再拥有自由和意志时，恐惧和阿谀使投票变得喧嚣。人们不再讨论，而是赞颂或诅咒。罗马皇帝统治下的元老院就以这种可耻的方式表态。有时他们的做法又谨慎得近乎荒谬。塔西佗指出,在奥东统治时期,元老们争相辱骂维特里乌斯,喧哗声震天,以致万一维特里乌斯掌权,他也无从得知每个人具体说了什么。

基于这些不同考量,我们可以得出一些准则。根据辨识公意的难易程度以及国家的兴衰情况,来规定计票方式和比较不同意见的方法。

只有一种法律,就其本质而言,必须得到全体一致的同意,那就是社会契约。政治结合是世界上最自愿的行为。每个人生来自由,是自己的主人,除非经本人同意,任何人都无权支配他。断言奴隶的子女生来就是奴隶,就等于说他们生来就不是人。

然而,如果在订立社会契约时出现反对

者,他们的反对并不能使契约无效,只是契约不把这些人包括在内而已。他们是公民中的外邦人。但国家一旦建立,居住就意味着同意,生活在领土内就是服从主权。①

除了这一原始契约,多数票永远可以约束其他所有人,这是契约本身的结果。但有人会问:一个人怎么能既自由,又被迫遵从并非出于自己意愿的决定?反对者怎能既自由,又服从他们未曾赞同的法律?

我的回答是,这个问题提法有误。公民同意所有法律,包括违背他们意愿通过的法律,以及他们一旦胆敢违反就会受到惩罚的法律。

---

① 当然,这只适用于自由国家。否则,家庭、财产、无处容身、生活所需以及暴力等因素,都可能违背居民意愿而将其留在国内。在这种情况下,仅凭居住就无法判断他是同意还是违背了契约。

国家全体成员的持续意志就是公意，正因如此，他们才是公民，才是自由的。[①] 当人们在大会上提议立法时，准确地说，他们问人民的不是赞成还是反对这一提议，而是它是否符合公意，而公意也就是人民自己的意志。每个人投票表达对这个问题的看法，从票数统计中可以得出公意的宣示。因此，如果与我相反的意见占了上风，那只能说明我错了，我估计的公意并非真正的公意。假如我的个人意见压倒了公意，我就做了一件并非我本意的事，而此时我就不再自由了。

---

① 在热那亚监狱大门和船奴镣铐上，都刻着"libertas"（自由）一词。这种做法既讽刺又恰当。事实上，只有各国的罪犯才会妨碍公民自由。在一个将所有此等之徒都发配为奴的国度，人们才能享有至高无上的自由。

当然，这一切都是建立在公共意愿的所有特性仍然存在于多数人中的假设之上。如果连多数人中也不存在公共意愿，那么不管支持哪一方，自由已经无从谈起。

我之前已经详细说明了人们在公共讨论中如何用个人意志取代公共意愿，以及如何预防这种弊端的具体方法。至于确定这种意志所需的投票比例，我也已经阐述了各种原则。一票之差能够打破平局，一票反对同样能够破坏一致。但在一致和平局之间，还有许多其他的票数分配方式，我们可以根据政治体的实际情况和需求来确定具体的数字。

有两个普遍的原则可以用来确定这一比例：第一，讨论的问题越重大，所通过的意见就应该越接近一致；第二，问题越需要迅速解决，两方的票数差距就应该越小，在需要立即做出决策的情形下,多一票就可以决定结果。第一条原则似乎更适用于法律问题,第二条则更适用于紧急事务。但无论如何,只有结合这两者,我们才能确定最合适的多数比例。

三、选举

关于君主和行政官的选举,这是一个复杂的过程,主要有两种方式:选举和抽签。这两种方式在许多共和国中都有应用,例如威尼斯总督的选举便是这两种方法的复合体现。

孟德斯鸠曾经说过:"通过抽签来进行选举是民主的本质。"[1] 我同意这个观点,但为什么会这样呢?孟德斯鸠解释说:"抽签是一种

---

[1] 孟德斯鸠:《论法的精神》第二卷第二章。

不会伤害任何人的选举方式,它使每个公民都有可能为国家服务。"但这种解释还不够完整。

如果我们理解到选举领导人是政府的一种职能而不是主权的行使,我们就能明白为什么抽签具有民主的特性:在民主体制下,行政机构的干预越少越好。

在所有真正的民主国家中,行政职位是一种重担,不应该不公平地只由某些人承担。只有法律能够公正地将这一责任分配给中签者。因为抽签时每个人的机会均等,且选举结果不受任何个人意志的影响,这样就不会有任何个人因素改变法律的公正性。

在贵族制度下,由君主选君主,政府自我维持。在这种情况下,选举方式更加合适。

威尼斯总督的选举方式并没有推翻这种区分,反而证明了这一点。这种混合方式正适合混合政体。把威尼斯政府视为纯粹的贵族制是不正确的。如果说那里的普通民众在政府中几乎没有地位,那么贵族实际上就代表了人民。许多贫穷的巴拿波特永远无法担任任何行政职务,而贵族只有名誉和参与大会的权利。这个大会的规模庞大,就像我们日内瓦的全体大会一样,其中最杰出的成员并不比我们的普通公民拥有更多的特权。实际上,撇开两个共和国的极端差异,日内瓦的市民就像威尼斯的贵族,而我们的本地人和居民相当于威尼斯的市民和人民,我们的乡民相当于威尼斯大陆的臣民。总之,不论如何考察,除了领土更广阔外,威尼斯的政府并不比我们的更具贵族性。唯一的不同是,我们没有终身的领导人,因此不需要抽签。

在真正的民主制度中,通过抽签进行选举

并不会带来不便,因为在这样的体制下,每个人都是平等的,无论在道德、才能还是财富方面,选谁都差不多。但我之前提到过,真正的民主制实际上是不存在的。

当选举和抽签同时使用时,那些需要特殊才能的职位,比如军事职务,应该通过选举来产生。而那些只需要理智健全、公正无私的职位,例如审判职位,适合通过抽签来选出,因为在一个管理良好的国家中,这些品质是所有公民都应具备的。

在君主制政府中,无论是抽签还是选举都不适用。国王是天然的、唯一的统治者和行政官,选择手下的权力只能属于他自己。当圣皮埃尔修道院院长建议大幅扩充法国国王的御前会议,并提议通过投票来选举成员时,他没有意识到这实际上是在建议改变政体。

我还应该讨论人民大会上的投票和计票方法，但或许通过研究罗马政治制度的历史，可以更清楚地阐述我想确立的所有原则。一个深思熟虑的读者，可能会从详细了解一个二十万人大会上如何处理公共和个人事务中受益匪浅。

四、罗马人民大会

我们没有可靠的文献来了解罗马早期的历史，大多数关于罗马的记述似乎都是寓言性质的。一般而言，各民族创业史通常最能反映教育意义，但这部分历史往往资料最缺乏。现代社会每天都在揭示各个帝国革命的原因，但由于现在已无新民族形成，我们只能推测它们是如何形成的。

我们发现的习惯肯定有其来源。任何能追溯这些起源的传说，只要得到权威支持和有力的推理证实，我们就应该认为它们是相对确切和可靠的。这也是我在研究世界上最自由、最强盛的民族如何行使最高权力时所遵循的原则。

建国之后，罗马这个新生共和国由阿尔巴人、萨宾人和其他外来者组成，他们共同划分为三个部族。每个部族又分为十个库里亚，每个库里亚进一步分为若干德库里亚，其领导者被称为库里昂和德库里昂。

此外，每个部族都组建了一支百人骑兵团。这种划分最初是出于军事需要，但也仿佛是一种伟大的本能，预先为罗马这座小城铺垫了成为世界之都的政体。

这种划分实施后不久就出现了问题。阿尔

巴人的拉姆嫩塞斯部族和萨宾人的泰琴塞斯部族保持不变,而由外来人组成的卢塞雷斯部族因不断有新的外来人加入而迅速扩大,很快超过了前两个部族。为了解决这种不平衡,塞尔维乌斯采取了措施,废除了种族划分,改为按居住区域划分部族,将原来的三个部族扩展为四个,每个部族以占据的罗马城中的一个小山命名。这样的划分既解决了当时的不平衡,也防止了未来可能的失衡。为确保这种划分的有效性,他还禁止居民擅自从一个区域迁移至另一区域,避免不同族群之间的混合。

他将原有的三个骑兵百人团数量增加了一倍,并另外增设了十二个百人团,但这些骑兵团仍保留了传统的名称。这样的做法既简单又明智,有效地区分了骑士与平民,同时也避免了引起民众的不满。

除了这四个城市部族外，塞尔维乌斯还设立了十五个乡村部族，这些部族由各自的乡村居民组成；后来，又相应增加了等同数量的新部族，使得罗马的部族总数达到三十五个，这一数字一直保持到共和国末期。

城乡部族的这种区分带来了一些意想不到的结果。人们原本以为城市部族会迅速把握权力和荣誉，轻视乡村部族，但实际上却恰恰相反。我们了解到早期罗马人对乡村生活的热爱，这种偏好源于他们的智慧创始人，他们将农业、军事和自由结合起来，而将艺术、工艺、阴谋、财富和奴隶制集中到了城市。

因此，罗马的许多著名人物都是在乡村生活和耕作的。人们习惯于在乡村寻找共和国的根基。这种生活方式被所有人尊重，人们宁愿选择乡村的简朴勤劳生活，也不愿意过城市居民的悠闲生活。一个在城市中一直是无产者的人，一旦成为田间的劳动者，便能成为一个受人尊敬的公民。瓦罗曾说，我们伟大的祖先在乡村培养出了那些强壮勇敢的人，他们在战争期间保卫国家，在和平时养活国家。普林尼甚至断言，乡村部族之所以受到尊重，正是因为有组成这些部族的人；相反，为了惩罚懒人，人们会将他们贬至城市部族。萨宾人阿皮乌斯·克劳迪乌斯带着荣誉来到罗马定居，并被编入了一个乡村部族，该部族后来以他的姓氏命名。最后，所有获得自由的奴隶都被加入城市部族，他们虽然成了公民，但在整个共和国时期从未有一个获得任何行政职位的先例。这一做法虽然初衷良好，但执行过于严苛，最终导致了政体的弊端。

首先，监察官长期拥有将公民从一个部族

转移到另一个部族的权力,甚至允许大部分人自行选择加入他们想加入的部族。这种做法没有任何好处,反而削弱了监察权的核心功能。此外,权贵们通常加入乡村部族,而新获得自由的奴隶成为公民后则留在城市部族中。因此,部族的地理或区域特征已不复存在。人们混杂在一起,除了查看登记簿外,很难区分各部族的成员。部族这一概念已经从具体转变为名义上的,几乎变成了形式。

此外,城市部族因地理位置便利,在人民大会中往往更有影响力,甚至会将国家权利出卖给那些不惜贿赂的无耻之徒。

至于库里亚,最初的设计是每个部族包含十个库里亚,因此当时城墙内的所有罗马人民构成了三十个库里亚。每个库里亚都有自己的庙宇、神明、官员、祭司和称为"大路节"的节日，这与后来乡村部族中的乡村节类似。在塞尔维乌斯的新划分中，三十个库里亚无法均匀分配到他的四个部族中，因此他未修改库里亚的设置。库里亚成为部族之外的另一种罗马居民划分方式。然而，在乡村部族及其人民中，库里亚并不存在。这些部族已经成为纯粹的民事组织，采用了另一种征兵制度，使得罗穆鲁斯的军事划分变得多余。因此，尽管每个公民都属于一个部族，但很少有人属于库里亚。

塞尔维乌斯还进行了第三种划分，与前两种无关，但因其重要性而成为最关键的一种。他根据财富将全体罗马人分为六个等级，而非按地区或身份划分。最高几个等级是富人，最低几个等级是穷人，中间的等级是中等财富者。这六个等级又分为一百九十三个百人团。

第一等级占据了半数以上的百人团,而最后一等级只有一个百人团。因此,人数最少的等级拥有最多的百人团,而包含过半罗马居民的最后一等级只算作一个次级划分单位。

为了让人民难以识破这一制度的本质,塞尔维乌斯赋予它军事特色。他在第二等级增设了两个重装百人团,在第四等级增设了两个轻装百人团。除了最后一等级外,他在每个等级中都将青年和老年进行了划分,区别于需要服役的人和年龄达到免役的人。这种基于年龄的划分比财富划分更需要频繁地进行人口普查。此外,他规定集会必须在玛尔斯广场召开,所有适龄人员都必须携带武器参加。

塞尔维乌斯没有在最低等级中区分青年和老年,因为社会不认为该等级的人有权拿起武器保卫国家的荣誉。只有拥有家园的人,才有权利保卫家园。至于那些充斥在现代各国军队中的贫困士兵,他们如果是在罗马时代,恐怕会被轻蔑地驱逐出步兵队伍,因为当时的士兵被视为自由的保卫者。在最低等级中,还可以区分那些无产者和只按人头计数的人。尽管无产者一无所有,但他们至少还能为国家提供公民身份,有时在紧急时刻还能充当士兵。而那些完全一无所有、只能按人头计数的人,则被视为没有任何社会地位的人。马略是第一个招募他们入伍的人。

我们不对这第三种计数方式本身做出评判,但我相信,如果不是因为早期罗马人的朴素、无私、热爱农业以及鄙视商业和牟利的风气,这种制度是难以实施的。在现代,哪个国家能在贪婪无度、忧虑不安、阴谋诡计、不断的波动和永无止境的兴衰循环中,维持这样的制度达二十年而不崩溃呢？我们必须指出，在罗马，公共舆论和社会风气的力量大于制度本身，并能纠正其弊端。如果富人过于炫耀财富，他们就会被降到贫困的等级。

因此，人们通常只提及五个等级，尽管实际上有六个。第六级既不向军队提供士兵，也不在玛尔斯广场①投票，在共和国中几乎没有任何作用，因此很少受到重视。

以上是罗马人民的分组方式。现在来看看它们在大型会议中的作用。这些合法的大会被称为人民大会，通常在罗马的公共广场或玛尔斯广场举行，分为库里亚大会、百人团大会和

---

① 我特意提到在玛尔斯广场上，因为百人团大会在此召开。至于其他两种形式，人民是在市场或其他地方集会，此时"按人头计数"的人就拥有与最高阶层公民同等的作用和权威。

部族大会三种，具体形式取决于召开的方式。库里亚大会是由罗穆鲁斯设立的，百人团大会是由塞尔维乌斯设立的，部族大会则是由人民保民官设立的。任何法律都必须经过人民大会的批准才能生效，任何行政官员也必须经过人民大会的选举才能上任。因为每个公民都属于某个库里亚、百人团或部族，所以没有人会失去投票权，罗马人民在法律上和实际上都是真正的主权者。

要合法地召开大会，并确保其行为具有法律效力，必须满足三个条件：第一，召集大会的团体或官员必须具有相应的权威；第二，大会必须在规定的日期举行；第三，占卜结果必须是吉祥的。

第一条规定很明了。第二条是为了避免在节假日和市场日召开大会，因为这些日子乡村居民会进城办事，无法在广场上待上一整天。根据第三条，元老院可以制约激动的民众和可能谋反的保民官，但保民官也找到了摆脱这种限制的方式。

法律和官员选举并不是人民大会唯一需要决定的事项，罗马人民还掌握了政府的许多重要职能，可以说，欧洲的命运往往就在这些大会中被决定。会议的目的多种多样，因此根据需要表决的不同事项，会议的形式也会有所不同。

要评价这些不同的会议形式，只需将它们进行比较。罗穆鲁斯设立库里亚的目的是让人民与元老院相互制衡，而他自己则平衡这两者。因此，他通过这种方式赋予人民数量上的权力，以平衡他留给贵族的权势和财富。然而，按照君主制的精神，罗穆鲁斯还是给贵族更多便利，因为他们的保护人可以影响投票结果。这种保护人与被保护人的制度是政治和人道主义的杰作。如果没有它，与共和国精神相悖的贵族制就无法维持。只有罗马才有幸为全世界树立了这样一个出色的榜样，这一制度虽未引起弊端，但也未被后来者效仿。

库里亚形式从王政时期一直延续到塞尔维乌斯时代，而在塔克文的统治末期，其统治被视为非法。因此，人们通常用"库里亚法"来指代王政时期的法律。

在共和时期，库里亚通常只限于四个城市部族，仅包括罗马城内的居民。因此，这些库里亚既无法与身为贵族首领的元老院相适应，也无法与身为平民但却是富裕公民首领的保民官相适应。它们逐渐失去信誉和声望，以至于三十名役吏聚集在一起，就能代替库里亚大会行使职能。

百人团的划分方式极为有利于贵族制。人民大会通过百人团大会选举执政官、监察官和其他高级行政官员,但元老院始终无法在其中占据优势,这一点起初令人难以理解。实际上,全体罗马人民被分为六个等级的一百九十三个百人团中,第一级就占了九十八个。由于是按百人团计票,第一级的票数已超过其他所有等级的总和。当第一级所有百人团意见一致时,就不再继续计票,少数人的决定便成为多数人的决议。因此,在百人团大会中,事情更多地是由财富而非票数决定。

这种极端的权力分配有两种缓冲方法。首先,保民官通常来自富人阶层,大多数平民也是如此。因此,他们能在第一级中与贵族的威望相抗衡。

第二种方法是，不从一开始就按等级投票（总是从第一级开始），而是通过抽签选出一个百人团进行独立选举。然后在另一天按等级召集所有百人团进行同一选举，通常结果也都一致。这样，按照民主制的原则，等级制让位于抽签，形成了一个先例。

这种做法的另一个好处是，乡村公民在两次选举之间有时间了解临时提名候选人的优点，从而在充分了解的情况下投票。然而，由于要求速度快的理由，最终这种做法被废止，两次选举在同一天内完成。

严格来说，部族大会是罗马人民的真正议会。这个大会只能由保民官召集，主要职责是选举保民官和通过平民提出的法律。在这里，元老院不但没有任何地位，甚至连参加的权利都没有。元老们必须遵守他们无权参与表决的法律，这使他们在这方面甚至比最低等公民还要受限。但这种不平等被人们误解了，这一点本身就足以使得一个不能包容所有成员的公共团体制定的法律无效。当贵族以普通公民的身份参加大会时，他们只是普通个体，很难影响基于人头计票的投票方式，因为在这里，最贫穷的人和最高级的元老有相同的投票权。

这说明，除了不同投票方式带来的秩序差异外，这些分配方式本身也非常重要。每种方式都有其特定目的和效果。

由此可以得出结论：部族大会最有利于民主政府，百人团大会最有利于贵族统治。至于库里亚大会，它主要由罗马城内居民组成，容易被用于暴政和阴谋，因此受到质疑，即使是叛乱者也避免使用这种方式来暴露自己的阴谋。无疑，罗马人民的尊严只能在百人团大会中得到充分体现，因为只有百人团大会真正代表了全体，而库里亚大会不包括乡村部族，部族大会又不包括元老院和贵族。

早期罗马人的投票方式和他们的风俗一样朴素，每个人都会大声宣布自己的选择，由记录员逐一记录。每个部族的多数票决定该部族的投票结果，各部族的多数票合计决定人民的决定。库里亚和百人团的投票也是这样进行的。只有在公民道德高尚，大家都觉得公开支持不公正或不得体的候选人是可耻的时候，这种投票方式才是合适的。但当社会腐败、贿选盛行时，就应该采用秘密投票，以此来抑制贿选，并为那些无赖提供一种方式，使他们不至于成为卖国贼。

我知道马库斯·图利乌斯·西塞罗批评了这种变革，并将共和国的衰落部分归因于此。

尽管我尊重西塞罗的权威，但我不同意他的看法。相反，我认为正是因为改革不够彻底，才加速了国家的衰败。就像健康人的饮食不适合病人一样，我们不能期望用适用于善良人民的法律来管理腐败的人民。没有什么比威尼斯共和国的悠久历史更能证明这一点了，它之所以持续存在，完全是因为其法律针对的是不良之徒。

因此，每个公民都被分配了一张可以保密的投票票据。同时，国家还制定了一些关于收票、计票和数字核对的新程序。但这些措施都未能消除人们对执行这些职务官员[①]忠诚度的怀疑。最终，为了防止投票舞弊和交易，人们虽然制定了许多禁令，但其数量的增加恰恰显

---

① 即监票官、发票官、收票官。

示了这些禁令的无效性。

在罗马的末期,人们常常不得不依靠权宜之计来弥补法律的不足:有时会借助神迹来误导民众,但这并不能欺骗统治者;有时是在候选人还未来得及策划阴谋时突然召开大会;有时由于民众已被拉拢参与不正当行为,便将会议变成无意义的空谈,拖延议程。然而,野心家最终还是设法绕过了这些措施。最令人难以置信的是,尽管弊端频出,广大民众依靠古代传统,从未停止选举行政官、通过法律、审理案件以及处理公私事务,其流程几乎与元老院亲自操作一样顺畅。

五、保民官制

当国家不同部分之间无法确立固定的比

例，或者由于某些不可消除的因素不断改变这些比例时，人们便设立了一种特殊的行政机构。这个机构虽然不与其他部分形成共同体，却能够帮助各部分恢复到正确的比例关系。它在君主与民众之间、君主与主权者之间，或者在必要时，介于这两者之间，起到了连接或调节的作用。

这种机构，我称之为保民官制，它是法律与立法权的守护者。有时它可以保护主权者对抗政府，如罗马的人民保民官；有时它可以支持政府对抗人民，如威尼斯的十人会议；有时它则可以维持双方的平衡，如斯巴达的监察委员。

保民官制并不是城邦的一部分，也不应具备立法权或行政权，但正因如此，保民官的权限非常大。他们虽然不能直接做出决策，却可以禁止任何事情的发生。作为法律的保卫者，他们比执行法律的君主和制定法律的主权者更受尊敬。这一点在罗马表现得尤为明显，高傲的贵族虽然鄙视平民，却不得不对一个没有占卜权和司法权的普通保民官低头。

精明的保民官制可以成为优秀政体的坚固支柱，但一旦其权力超出一定范围，就可能颠覆一切。保民官制本质上不应弱势，一旦真正拥有权力，绝不会低于所需的水平。

当保民官越权使用仅有调节职能的行政权，并支配本应保护的法律时，保民官制就变质成暴政。在斯巴达风尚尚存时，监察委员的庞大权力尚无大碍，但腐败一旦出现，就会加速整个体系的堕落。阿基斯被这些暴君杀害后，其继承者进行了复仇。监察委员的罪行与惩罚加速了共和国的灭亡。在克里奥门尼斯之后，斯巴达再无值得称道的事迹。罗马也走上了同样的灭亡之路。保民官通过法令篡夺的过度权力，在最初旨在维护自由的法律的帮助下，最终成了摧毁自由的皇帝们的保障。至于威尼斯的十人会议，它变成了一个血腥的法庭，对贵族和平民都同样可怕。在堕落后，它远未能高尚无私地保护法律，而是秘密进行了许多骇人听闻的勾当。

保民官制和政府一样，随着成员人数的增加而变得效率低下。罗马的人民保民官最初只有两人，后来增至五人，甚至还有意再翻一倍。元老院允许这样做，预计他们会互相制约，结果也确实如此。

为了防止这样一个强大的团体篡夺过多的权力，到目前为止还没有政府注意到的最佳方法是不让它成为永久性机构，而是设定行使职权的期限。这个期限不宜过长，以防止滥用职权的情况发展。这个期限可以通过法律来设定，必要时可以通过特别委员会来缩短。

我认为这种做法没有不便之处，因为保民官制并不是体制的一部分，取消后也不会对体制造成损害。而且这种方法看起来是有效的，因为新上任的行政官不是基于前任的权力，而是从法律赋予的权力出发。

六、独裁制

法律之僵硬，妨碍其因事制宜，故于某些情况下，反而适得其反，甚至于危难之际，或致国家灭亡。法律程序与种种手续之延宕，需时颇久，而时局紧迫，有时根本容不得如此耽搁。立法者所未曾预料之情状，可能多达千百,由此可见吾人实不能预见一切,而认识到此点本身,即为一种至为必要之先见。

为此,绝不能让政治制度僵化到连让法律暂缓执行的权力都丧失。即便是严苛的斯巴达,也曾让法律偶尔休眠。

唯有最大之危险,方值得冒变更公共秩序之险。非涉国家存亡之秋,绝不可停止法律之神圣权威。于此罕见而又显著之际,人民乃以一种特殊之举,将维护公共安全之责,托付最值得信赖之人。此一委任,可依危急之类别,有二种方式进行。

如仅需扩大政府权能即可应危,则可将政府权力集中于一二要员。于此,所变者非法律权威,而仅在行使法律之形式。倘危机已至法律尊严反而碍于法律维护之境,则可指定一最高首领,使诸法暂时停摆,主权得以权时中止。在此情况下，公意昭然，人民首要意旨，显然在于保国不亡。循此道，立法权虽被暂停，但未被消灭。行政首长得令立法权噤声，却不能僭代之位；能节制之，却不可代表之；能行一切事，却不得制定法律。

罗马元老院采取第一种方式，以庄严仪式授权执政官捍卫共和国的安全。第二种方式则是执政官之一任命独裁者①，这一先例由阿尔巴首开。

共和国初期，罗马常求助于独裁制，因国家根基尚不稳固，无法仅凭宪法之力自保。

当时的风尚使得后世认为必要的诸多防范措施都显得多余。人们既不担心独裁者滥用权

---

① 这项任命是在夜间秘密进行的，似乎人们因将某人置于法律之上而感到羞愧。

力，也不忧虑其任满后继续把持权力。相反，如此巨大的权力似乎成了承担者的负担，独裁者总急于卸下重担，仿佛取代法律之位既痛苦又危险。

危险不在滥用权力，而在贬低权力。对此，我要指责罗马早期对这一至高无上的行政官制度运用得不够审慎。当人们将其滥用于选举、祭祀等纯粹形式的事务时，就有理由担心它在危急时刻反而无力回天，而人们也会习惯于将其视为一种虚衔。

共和国末期，罗马人变得更加慎重，却又走向另一个极端，对独裁制过于吝啬，这同样毫无道理。很容易看出，他们的戒心是没有根据的。当时，首都力量薄弱，反而成了对抗内部行政官的安全保障。独裁者在某些情况下可以保卫公共自由，却永远不会妄图篡夺之。罗马的枷锁不是在罗马城内铸就，而是在它的军队中锻造。马略对苏拉以及庞培对恺撒的无力抵抗，足以说明企图以内部权威对抗外来武力的结果。

这一错误判断使罗马人犯下严重过失。例如，在卡提利纳事件中未任命独裁者就是一个错误。这场阴谋只涉及罗马城及几个意大利行省，独裁者完全可以运用法律赋予的无限权力轻易地平息之。幸运的巧合阻止了那次阴谋，但人类的审慎不应寄希望于此。

元老院没有采取这一举措，而是将全部权力交予执政官。为了有效行动，西塞罗不得不在根本问题上越权。起初，人们因欢欣鼓舞而赞同他的行为，后来却要他为违法流血负责，这对一个独裁者是不公平的。然而，这位执政官的雄辩迷惑了众人。他虽然是罗马人，却更爱自己的荣誉胜过祖国。他追求的不是保卫国家最合法恰当的办法,而是独享荣耀的途径。①于是,他理所当然地作为罗马的解放者受到尊崇,同时也理应作为法律的破坏者受到惩罚。撤销对他的判决虽然光彩夺目,但那确实只是一种恩赦。

此外,无论以何种方式授予这一重要职责,最关键是要将其限定在很短的期限内,绝不允许延长。在需要建立独裁制的危急时刻,国家要么迅速灭亡,要么迅速得救。紧急关头过后,独裁制不是演变为暴政,就是沦为虚名。在罗马,独裁者的任期仅为六个月,大多数人都在任满前主动卸任。如果任期再长一

---

① 而这正是在提名独裁者时,他无法确定的事情。因为他既不敢提名自己,也不能确定同僚会提名他。

些，他们或许会企图延长，就像十人会议曾对一年任期所做的那样。独裁者只应有时间应对使其当选的紧急情况，而无暇筹划其他。

七、监察官制

公意由法律体现，而公共判断则由监察官制呈现。公共意见是一种法律，监察官是其执行者。与君主类似，监察官只能应对个案。

因此，监察官法庭并非公众意见的仲裁者，而仅是其宣告者。脱离民意，其裁决便是空洞无效的。

区分民族风尚与崇尚对象是徒劳的，因为二者源于同一原则，必然交织在一起。决定各民族爱憎取舍的不是天性，而是观念。只要改变人们的观念，风尚自然趋于纯正。人们总是热爱美好之物，或者说，热爱他们认为美好的事物。然而，人们的判断可能有误，因此需要规范。评判风尚即评判荣誉，而评判荣誉者则从公共意见中汲取法则。

一个民族的意见源于其制度。法律虽不能直接规范风尚，但催生风尚的恰恰是立法。立法薄弱，风尚也随之退化。此时，监察官的裁决也无法实现法律未曾达成之事。

由此可见，监察官制或许有助于维系风尚，但对重塑风尚无能为力。应当趁法律强盛之时设立监察官，一旦法律失效，一切皆成徒劳。唯有法律有力，合法之事方能生效。

防止公共意见堕落，以明智举措维系其正确性，甚至在观点尚未确立之时将其固化，正是监察官制维系风尚之道。在法兰西王国，携副手决斗之风一度盛行。国王的一纸诏书只用寥寥数语,便将其废止——"至于那些懦弱到需要副手的人"——这一判断预见并决定了公众判断。然而,当同一诏书宣称决斗本身即是怯懦之举时(这本属实),却违背了一般人的观点,公众因而对此嗤之以鼻。对这件事,公共判断已然形成。

如我在他处所言[①],公共意见绝不屈从于强制,因此代表公共意见的法庭无须丝毫强制之力。对于古罗马人(拉西第蒙人则更胜一筹)运用这一几近失传的艺术,我们再怎么称赞也不为过。

在斯巴达议会上,一个道德败坏之人提出一条好建议,监察官对其不予理睬,却让另一

---

① 我在本章中只是提出了在《致达朗贝尔先生书》中已经详细论述过的观点。

位德行之士提出同样的建议。这对后者是何等荣耀，对前者又是何等羞辱！然而，监察官既未表扬，亦未谴责任何一方。几个萨摩斯[①]醉汉亵渎了监察官的席位，次日便有明令允许萨摩斯人放荡。这种惩罚比实质性的惩罚更加严厉。当斯巴达宣布何为正直、何为不端时，全希腊无须请教他们的判断。

八、公民宗教

起初，人类除了神明之外别无他王，除了神权政体之外别无他治。他们所为，正合卡利古拉之想。而在当时，此想法无可厚非。唯有

---

① 他们来自另一个小岛，但我国语言的局限不允许我说出其名。

经过长期的情感与思想的变迁，人们才会决定以同类为主，并自诩其利。每个政治社会之上都有一位神灵。仅此一点，就可知民族之多，神明亦众。两个相异且时常敌对的民族，不可能长久拥戴同一君主。交战的两军，岂会俯首于同一统帅？因此，民族的分立造就了多神格局，由此产生了神学与政治上的偏执。我们稍后将谈到，二者本为一体。希腊人曾抱持一个幻想，欲于蛮夷中寻觅自己的神祇。这源于他们另一意念，即视己为蛮夷天然之主。然而，今时今日，若仍将不同民族的神明混为一谈，未免显得荒谬可笑，博学却无知：仿佛莫洛克、萨图尔努斯、克罗诺斯可以是同一神明，仿佛腓尼基人的巴力、希腊人的宙斯和拉丁人的朱庇特可以等同，仿佛这些名号各异的虚幻神灵至今仍有共通之处！

如果有人问，何以异教时代各国都有自己的宗教仪式和神灵，却从未爆发宗教战争？我的回答是，正因为每个国家都有其独特的宗教仪式和政府，因此这些国家并不区分神灵与法律。政治战争即是神学战争，每位神灵的领地都被民族疆界所固定。一个民族的神明对其他民族并无权柄。异教徒的神灵并非嫉妒之神，他们彼此划分了整个世界。即便是摩西和希伯来人谈及以色列之神时，有时也持有这种观点。他们视被流放、注定毁灭、土地将为己方占领的迦南人的神明为虚无。然而，看看他们如何谈论抵御进攻的邻国之神吧！耶弗他对亚扪人说："属于你们的神基抹所有之物，难道不是合法地归你们所有吗？我们同样有权占有我们的神所征服获得的土地。"① 在我看来，这正是承认基抹的权利与以色列上帝的权利相等。

但犹太人先臣服于巴比伦国王，继而又臣服于叙利亚国王，却仍坚持除自己的神明外不承认任何其他神灵。于是，这种抗拒被视为对征服者的反叛，招致种种迫害。这是我们在历史上读到的情形，在基督教出现之前未见任何先例。②

---

① "Nonne ea quae possidet Chamos deus tuus, tibi jure debentur？"（《士师记》第十一篇第二十四节）此乃拉丁文圣经之原文。贾立蔼神父译云："你岂不以为，你们之神基抹所有者，理应归你们享有乎？"希伯来原文之语气，我虽未察，然观拉丁文本，耶弗他突然正面承认基抹神之权能。而法文译者乃加入"依尔等之见"等字，遂削弱其意，此数语实非拉丁原文所有也。

② 昭昭乎，福西人所谓神圣之战，实非宗教之争。其旨在惩戒渎神者，而非镇压异教徒。

每种宗教既然完全依附于规范它的国家法律，除了奴役一个民族，别无他法使其皈依；除了征服者，也没有其他传教士。改变宗教崇拜的义务既是被征服者的法律，那么在谈及改变宗教崇拜之前，必先从征服着手。远非人类在为神而战，反倒如荷马所言，是神在为人而战。各方都向自己的神祈求胜利，并许诺新的祭坛作为偿还。罗马人攻占一地之前，先要召请该地之神退位。当他们将塔伦图姆人的愤怒之神留给塔伦图姆人时，是因为他们认为这些神已屈服于他们的神灵，不得不向其行臣服之礼。罗马人将自己的神灵留给被征服者，正如他们将自己的法律留给被征服者一样。向罗马的卡皮托利山上的神殿奉献一顶桂冠，通常便是罗马人所索取的唯一贡品。

最终，随着帝国的扩张，罗马人也扩张了

他们的宗教崇拜和神灵，他们自己也常常采纳被征服者的宗教和神明，并赋予两者以城邦权利。于是，这个广大帝国的各民族不知不觉地拥有了大量的神灵和宗教仪式，而且到处都大同小异。这便是异教信仰何以终成为当时已知世界的唯一宗教。

正是在这种局势下，耶稣来到人世，建立一个精神王国。这划分了神学体系和政治体系，使国家不再是一元的，并造成了永远困扰基督教民族的内部分裂。然而，异教徒的头脑永远无法接受另一个世界王国的新观念，他们总是将基督徒视为真正的反叛者。他们认为这些伪装恭顺的反叛者只是在窥伺时机，想要独立做主，狡猾地篡夺自己在力量薄弱时佯装尊敬的权威。这便是宗教迫害的根源。

异教徒担忧的事情终于发生了。一切都改

变了面貌。谦卑的基督徒改变了言辞,不久我们便看到这个所谓另一个世界的王国,在一个有形的首领之下,竟变成了这个世界上最狂暴的专制主义。

然而,既然君主和公民的法律始终存在,这种双重权力便造成了一种永恒的法理冲突。这导致基督教国家无法建立良好的政体,人们也永远无法确定应当服从主子还是神父。

也有许多民族,甚至是欧洲或其邻近地区的民族,曾试图保存或重建古代体系,但都以失败告终。基督教精神无处不胜。神圣的宗教崇拜始终是,或者重新成为独立于主权者之外的存在,与国家共同体没有必要的联系。穆罕默德目光敏锐,将政治体系与宗教紧密相连。在他的继承者哈里发统治下,这个政府确实是一元的,而且运行良好。然而,当阿拉伯人日渐昌盛、开化、文明、柔靡而怯懦时，他们被野蛮人征服。此时，两种权力之间的分裂再次出现。尽管在穆斯林中这种分裂不如在基督徒中明显，但仍然存在，尤其是在阿里教派中。在某些国家，如波斯，这种分裂至今仍可察觉。

在我们这里，英国国王和俄国沙皇都自封为教会的首领。然而，他们采用这一头衔，不是为了成为教会的主宰，而更像是教会的仆人。他们所拥有的权力，并不是用来改变教会，而是维护教会的稳定。在教会内，他们并不是立法者，只是担任君主的角色。在任何教士组成的团体①中，这些教士在自己的领域内

---

① 尤须指明，教士结合为一体，非仅借形式上之集会（如法国之例），更赖教会圣餐之力。圣餐与革出教门，乃教士之社会契约；借此，彼等永为民之君之主宰。凡同领圣餐之牧师，即为同胞，

才是真正的主人和立法者。因此，在英国、俄罗斯等地，实际上存在两种权力、两个主权实体。

在所有基督教作家中，哲学家霍布斯是唯一深刻认识到这一问题及其解决方案的人。他大胆提出应该把政治的"双头鹰"合并为一体，彻底重建政治的统一。因为没有政治统一，国家和政府都无法有效运作。然而，他也应该意识到，基督教的统治精神与他的理论体系是不相容的，牧师的利益往往高于国家的利益。霍布斯之所以受到憎恶，不是因为他的政治理论中有可怕的错误，而是因为其中有正确

（接上页）虽远在地球两极。此项创制，诚政治上一大杰构。异教祭司，未闻有此道，是以亦未尝组成教士团体。

而真实的观点①。

我相信,从这一角度解读历史事实,我们可以轻易地反驳贝尔和华伯登的对立观点。贝尔认为任何宗教对政治体都是无用的,而华伯登则认为基督教是政治体的坚实支柱。我们可以向前者证明,没有一个国家能够在缺乏宗教基础的情况下建立;向后者证明,基督教的法律最终对国家制度的稳固是有害的。为了让人们理解,这里只需对与我的主题相关的宗教观念再稍作阐明。

关于宗教与社会的关系,可以分为两种:

---

① 就此而言,可从格劳秀斯1643年4月11日致其兄之书信窥见一斑。此学者于《公民论》一书,所赞许者何在,所谴责者何在,均可见于此信。诚然,其似以雅量宽宏之心,因偏爱作者之失而恕其所得;非人人皆能如此度量恢宏。

人类的宗教和公民的宗教。人类的宗教不设庙宇、祭坛或仪式，只有对绝对的上帝的内心崇拜和对道德永恒义务的遵守。这是一种纯粹而简朴的宗教，是真正的有神论，我们可以称之为自然的神圣权利。而公民的宗教则记录在国家的法典中，规定了该国的神和特殊的守护者，设有自己的教义、仪式和法定的崇拜方式。在这种宗教看来，除了信仰这一宗教的国家外，其他所有国家都是不敬神的、野蛮的。这种宗教将人类的权利和义务只扩展到与自己的神坛等距的范围内。所有原始民族的宗教都是这样，我们可以称之为公民的或积极的神圣权利。

还有一种更奇特的第三种宗教，它设立了两套法律、两位领袖和两个祖国，使人同时屈服于两种相互矛盾的义务，无法同时做到既是虔诚的信徒又是忠实的公民。例如喇嘛教、日本宗教以及罗马天主教都属于这一类，可称之为"牧师宗教"。这种宗教导致了一种难以名状的、混合的、反社会的权力形态。

从政治角度来看，这三种宗教各有其缺陷。第三种宗教的弊端非常明显，试图进一步证明这一点简直是多余的。任何破坏社会统一的因素都是无益的；任何令人行为自相矛盾的制度也是无益的。

第二种宗教的优点在于它将对神的崇拜与对法律的尊重结合在一起。因为它把祖国视为公民崇拜的对象，从而教导人们忠于国家就是忠于国家的神。这是一种神权政治，在这种体制下，人们除了君主外不能拥有其他的宗教领袖，除了行政官员外也不能有其他的牧师。因此，为国捐躯就是英勇献身，违反法律就是亵渎神灵。让犯罪者受到公众的诅咒，等于是将他献给神的愤怒："Sacer estod"（让他去受诅咒吧）。

然而，第二种宗教的缺点在于它建立在错误和谎言之上，从而欺骗民众，使他们盲从和迷信，将对神的真诚崇拜变成了形式化的仪式。更糟糕的是，当它变得排他和专制时，会导致整个民族变得好战和不宽容，只能依靠杀戮来维持生存。它甚至认为杀死一个异教徒是一种神圣的行为。这让这样的民族与其他民族天然处于战争状态，这对其自身的安全也极为不利。

因此，剩下的就只有人类的宗教了，即基督教，这不是现今的基督教，而是福音书中的基督教，两者完全不同。这种神圣、崇高、真正的宗教使人类作为同一上帝的子女认识到彼此是兄弟，并将他们紧密结合在一起，形成了坚不可摧的社会。

但这种宗教与政治体系无关，法律只能依靠自身的力量，宗教不能赋予它其他力量。因此，社会中最重要的联系之一无法发挥作用。它甚至不能让公民全心全意依附国家，反而使他们像脱离世俗事物一样脱离国家。我认为没有什么比这更违背社会精神的了。

有人认为，一个真正的基督徒社会将是最完美的社会。但我看到一个重大问题：一个真正的基督徒社会不再是人类社会。

我甚至认为，这个假想的完美社会既不会是最强大的，也不会是最持久的。因为它过于完美，缺乏凝聚力；其致命的缺陷正是其完美性本身。

人人都尽职尽责：民众遵法，领导公正，

官员廉洁，士兵不怕牺牲。这里没有奢侈浪费，也没有放纵享乐。这些看起来很美好，但我们需要进一步思考。

基督教是一种纯粹的精神宗教，专注于天国的事务；基督徒的祖国不属于这个世界。基督徒尽责，但他们保持一种深沉而超脱的心态。只要问心无愧，他们不关心世事的好坏。国家繁荣时，他们几乎不敢分享公众的幸福，担心因国家的荣耀而骄傲；国家衰败时，他们感谢上帝惩罚自己的子民。

为了社会的安宁与和谐，所有公民都必须是善良的基督徒，但如果出现野心家或伪君子，如卡提利纳或克伦威尔，他们在虔诚的同胞中将畅行无阻。基督徒的仁爱让他们不会轻易怀疑他人。一旦野心家或伪君子借助某种手段欺骗世人，掌握公权，他便成为尊严的象征，上帝要求人们尊重他；他掌权后，上帝要求人们服从他。如果这位权力的持有者滥用权力，那就是上帝用来惩罚自己子女的手段。人们想要驱逐篡权者，却需要扰乱社会安宁，使用暴力，流血牺牲，这与基督徒的温和本性格格不入。在苦难的深渊中，自由与奴役又有何区别？最根本的是升入天堂，而顺其自然只是另一种方式。

如果爆发对外战争，公民们会毫不犹豫地奔赴前线，绝不会有人想临阵脱逃。他们虽然忠诚履职，但对胜利的渴望却不强烈；他们更擅长于牺牲自己，而不是击败敌人。胜负对他们而言意义何在？上帝难道不比他们更清楚自己的命运吗？想象一下面对一个傲慢、凶猛、意气风发的敌人，他们的斯多葛式态度能带来多少好处！将这样的基督教民族与那些热爱荣誉和祖国的豪迈民族对比,面对斯巴达或罗马,这些虔诚的基督徒可能还没反应过来就已经被彻底击败了。他们或许能幸存,但只是因为敌人根本不把他们放在眼里。相比之下,法比乌斯的士兵誓言极为高尚,他们誓言凯旋而不是殉难或必胜。基督徒从不这么做,他们认为这是在试探上帝。

然而,我提及"基督教共和国"这一概念时,已经犯了一个错误,因为这两个词本身就是矛盾的。基督教主张奴役和服从,这种精神非常有利于专制统治。真正的基督徒天生就是顺从的,他们对此漠不关心,因为在他们看来这短暂的一生微不足道。

有人说基督教军队非常出色,但我对此表示怀疑,请他们拿出实际例子。据我所知,根本不存在所谓的基督教军队。有人可能会提到十字军，他们的勇敢确实无须质疑，但十字军不是真正的基督徒，而是教会的士兵，为精神王国而战，却被教会世俗化了。这让我们再次回到了异教的领域。福音从未建立过民族宗教，因此基督徒之间不可能有所谓的圣战。

在异教皇帝的领导下，基督徒士兵确实表现出了无畏的勇气，这一点所有基督教作家都赞同，我也不例外。但那是他们与异教军队之间的荣誉竞争。自从皇帝皈依基督教后，这种竞争就消失了；当十字架取代鹰徽之后，罗马的武士精神也随之消逝。

抛开政治考虑，让我们回到权利的问题上，并在这一关键点上确立原则。社会契约授予君主统治臣民的权利，但这种权力绝不能超越公共利益的范围①。因此,臣民只需在涉及集体利益的事务上服从君主。此外,每个公民都应拥有一种宗教信仰,使他们热爱自己的责任,这对国家至关重要。但这种宗教的教义只在涉及道德和责任时才与国家及其公民相关,传播这种宗教的人也必须履行这些道德和责任。除此之外,每个人都可以有自己的信仰观点,君主无权干涉。因为君主无法掌控来世,只要臣民在尘世是良好的公民,他们未来的命

---

① 阿舟松侯爵有言:"在共和国中,人人皆可在不损害他人之范围内享有全然之自由。"此乃不易之界限,莫能规定得更为准确。数次引证此公众未见之手稿,我辄为得以向此卓越可敬之人物表达敬意而欣慰。彼至居大臣之职,而始终怀一颗赤诚之公民心,对其国家之政府,亦持正确而健全之见解。

运与君主无关。

因此，我们应该制定一套纯粹的公民信仰宣言，由君主来确定其具体内容。这些内容不应是严格的宗教教义，而是一种必需的社会情感，缺乏这种情感的人既不能成为良好的公民，也不能成为忠诚的臣民。① 我们不强迫任何人接受这些信条，但可以将不信奉这些信条的人驱逐出境。驱逐他们的原因并非他们不虔诚，而是他们背离了社会，无法真心敬爱法律和正义，也不愿为履行责任牺牲自己的生命。如果有人公开宣称接受这些信条，但行为却与

---

① 恺撒为卡提利纳辩护时，曾极力确立灵魂必朽之说。卡图与西塞罗驳之，全不屑以哲学论证，仅指斥恺撒乃以乱臣贼子之身份言，所提乃危害国家的理论。实则罗马元老院所欲判决的，正在于此，而绝非什么神学问题。

之相违，应判处死刑，因为他们犯下了最严重的罪行，即在法律面前撒谎。

公民宗教的教义应当简洁明了，条款简练，不需要多余的解释。存在全能、睿智、仁慈、先知且圣明的神明，来世生活，善有善报，恶有恶报，社会契约与法律的神圣性不可侵犯，这些是其正面的信条。至于反面的信条，我认为只需要一条：必须宽容，因为不宽容是我们已经摒弃的宗教狂热的表现。

我认为，那些试图区分政治不宽容和宗教不宽容的人是错误的。这两种不宽容是密不可分的。我们无法与那些注定要下地狱的人和平共处，爱他们就相当于憎恨那惩罚他们的上帝。我们只能是拯救他们或者折磨他们。无论在哪里，只要有宗教上的不宽容存在，就必然会带来政治影响。① 一旦出现这种影响，世俗统治者就会失去至高无上的权力，真正的主宰将是牧师，而君主则变成了牧师的仆人。

---

① 譬如，婚姻乃公民契约，具有政治效力；非有此效力，社会甚或不能存续。设想牧师竟将裁可婚姻之权尽归己握，此权本为一切不容异教宗教所必欲窃取；于是乘提高教会权威之时，君主之权将成虚设，君主所余，唯牧师所欲留与其臣民者而已，此岂不昭然？牧师可因人民是否信奉此彼教义，接受与否此彼仪式，视其虔诚之高下，以谨慎而坚决的方式，主宰其能否成婚；此岂非明言，唯牧师方能处理继承、职位、公民，乃至国家之事？盖以私生子构成之国，不足以长久。或曰，我们可宣告其滥用权力，可中止、可命令、可接管其世俗权力。悲夫此言！牧师苟或少有头脑，姑不论其勇气若何，必将不顾他人而行其所欲；任人宣告、中止、命令、接管，而终为其所驾驭。以我之见，他们既操纵全局，先弃一隅，未足称一大牺牲。

现在，既然排他性的国教已经不复存在，也不可能再出现，我们应当对所有能够容忍他人的宗教持宽容态度，只要这些宗教的教义不违反公民的义务。但是，如果有人敢于声称"非教会无救赎"，我们应该将其驱逐出境，除非国家与教会一体，君主即是教皇。这种教义只适合于神权政体，在其他政体下都是不利的。据称，亨利四世皈依天主教的理由，本应让所有正直之人与罗马教廷决裂，尤其是那些善于思辨的君主。

九、结语

探讨政治权利的真正原理并据此建国之后，接下来的问题是如何通过国际关系来维持国家的稳定。这涉及到国际法、贸易、战争权利与征服、公共法、联盟、谈判、条约等多个方面。但鉴于这些内容对于本篇简短的论文而言过于庞大,我将继续限定讨论的主题在原有的范围内。

图书在版编目(CIP)数据

社会契约论 / (法)让-雅克·卢梭著;童孝华译.
2 版. -- 北京:中央编译出版社,2025.8. -- ISBN
978-7-5117-4955-0

Ⅰ. D095.654.1;B565.26

中国国家版本馆 CIP 数据核字第 20252JU474 号

社会契约论

责任编辑	郑菲菲
责任印制	李 颖
出版发行	中央编译出版社
网　　址	www.cctpcm.com
地　　址	北京市海淀区北四环西路 69 号(100080)
电　　话	(010)55627391(总编室)　(010)55627392(编辑室)
	(010)55627320(发行部)　(010)55627377(新技术部)
经　　销	全国新华书店
印　　刷	北京盛通印刷股份有限公司
开　　本	880 毫米 × 1230 毫米　1/64
字　　数	78 千字
印　　张	3.875
版　　次	2025 年 8 月第 1 版
印　　次	2025 年 8 月第 1 次印刷
定　　价	55.00 元
新浪微博	@中央编译出版社
微　　信	中央编译出版社(ID:cctphome)
淘宝店铺	中央编译出版社直销店(http://shop108367160.taobao.com)
	(010)55627331

本社常年法律顾问:北京市吴栾赵阎律师事务所律师　闫军　梁勤
凡有印装质量问题,本社负责调换,电话:(010)55627320